U0130450

語理分析的思考方法

新訂本

語理分析的思考方法

李天命 著

明 報 出 版 社

語理分析的思考方法（新訂本）

作　　　　者	：	李天命
編　　　　者	：	張家富
助理出版經理	：	周詩韵
責 任 編 輯	：	葉秋弦
封 面 設 計	：	李錦興
美 術 設 計	：	Rita
出　　　　版	：	明報出版社有限公司
發　　　　行	：	明報出版社有限公司
		香港柴灣嘉業街 18 號
		明報工業中心 A 座 15 樓
電　　　　話	：	2595 3215
傳　　　　真	：	2898 2646
網　　　　址	：	https://books.mingpao.com/
電 子 郵 箱	：	mpp@mingpao.com
版　　　　次	：	二〇二二年一月初版
I　S　B　N	：	978-988-8688-24-1
承　　　　印	：	美雅印刷製本有限公司

編者語

　　《語理分析的思考方法》一書自一九八一年出版以來，讀者無論老少，對思考方法感興趣者大都樂於捧讀。為此坊間歷年重印的出版社亦復不少。有鑑於此，為免本書散印各處，又承明報出版社之助，決定將該書重新印行，方便讀者。

　　過去「李天命作品集」已收有李氏主要作品的最終定本，包括《李天命的思考藝術》、《哲道行者》、《從思考到思考之上》、《破惘》、《殺悶思維》及《不定名》*。今特將《語理分析的思考方法》與詩集《寒武紀》兩書分別再結集重印，一併納入「李天命作品集」，以臻整全。

*《不定名》由明報月刊出版社出版。

序

古往今來，有多少思想性的論爭不是由糾纏不清的語言所引起的名辭之爭？有多少觀念上的困擾不是由玄虛朦朧的字眼所導致的庸人自擾？最要警惕的是：有多少社會、政治、宗教、人生等方面的悲劇不是由閉塞、迷信、盲目、甚至瘋狂所鑄成的人為悲劇？

沒有什麼比清晰明辨的思考更為重要的了。

今天，種種教條神話以及主義口號交織成了重重的迷陣。在迷陣裏，清新的空氣太少，混濁的塵埃卻實在太多。處於這片闇昧的氛圍之中，人類最需要掌握破出迷陣的技巧，也就是說，最需要掌握判別是非的方法。

關於是非的判別，我們或許會感到悲哀，因為長久以來，我們看到的每每是黑白顛倒真假混淆的現象。但我們不必灰心。儘管在歷史的過程當中不時有昏蒙的世代出現，有虛妄的思潮形成，可是從大勢着眼，我們卻能夠肯定：這一切終要過去，世界的主流到底在逐漸趨向開明循理的境地。

然而「開明循理」這個目標怎樣才能確保達到呢？不論答案是什麼，至少有一點無可懷疑，那就是：思考方法的普遍教育乃達到這目標的根本條件。

本書正是為此目標而撰寫的。

李天命

一九八一年六月

香港中文大學哲學系

目錄

第 II 篇　語言的陷阱

第 III 篇　兩個基要的方法學區分

第 I 篇
語理分析通論

引言：語理分析（語言分析）

　　什麼是正確思考的基本法則？怎樣能使得思想清晰、精審、合理？諸如此類的問題構成了「思考方法學」（methodology of thinking）的研究領域。思考方法學的第一環節或基礎部門乃是「語理分析」（logico-linguistic analysis）。所謂語理分析，初步地說，就是「釐清主要用語的意思，辨明關鍵論點的義理，由此着手去分析問題」的一種思考的方法。這種方法有時又叫做「語言分析」（linguistic analysis）。

　　究竟語理分析有什麼重要性呢？讓我們從羅素講過的一個故事說起——

　　有一位教徒跟人辯論神學問題，爭得面紅耳赤，難解難分；到了幾乎要訴諸暴力、演出一場「聖戰」的緊急關頭，幸好他忽然如夢初醒地叫起來：「我現在搞清楚了，原來你的『上帝』即是我的『魔鬼』，你的『魔鬼』即是我的『上帝』！」①

　　這個故事可反映出歷來許許多多起於言語夾纏的議論紛爭在實質上是何等滑稽無聊。語理分析正好用來破斥文字把戲，澄清概念混淆。對於疏通思想裏的惑亂偏執來說，語理分析可說是最有效的一種方法利器。這種利器的適當運用，實為認知心靈得以開悟解放的一大轉機。我們試想一想：什麼時候人類不是因為一些空洞含糊的字眼而在上帝與魔鬼之間徘徊？

一、當代西方哲學概況

——英美哲學與歐陸哲學的對壘

當代的西方哲學，在英國、美國，乃至澳洲、加拿大等英語國家之中，以分析哲學（Analytic Philosophy）為主流；在德國、法國，乃至西班牙、意大利等歐陸國家方面，則以現象學和存在主義為最重要。

存在主義的本旨，是要顯出人的自主性與獨特性，力求使得人的生命成為「純真無妄的實存」。現象學的路向，是通過一種直覺的運作去描述本質的結構，企圖由此入手建立知識的基礎。至於分析哲學的要義，則在於應用語理分析的方法，對所考慮的論題（topic）及有關的概念和思想進行一番釐清、審定、或者評估的工作。

分析哲學家指出，我們的思維是很容易掉進文字圈套中而作繭自縛的。譬如所謂思路糾結的困惱，就往往是我們在語言陷阱裏自尋的煩惱。許多看來高深莫測的問題和理論，拆穿了，原來只是「有名無實」的偽贗問題（pseudo-problem）和偽贗理論而已。一旦釐清了用語的意思，我們便會發現，不少「精神導師」的教說儘管披着玄妙引人的詞句外衣，其內裏卻是空空如也、一無所有的。比方歐陸哲學大師海德格的名言：「『無』先於『非』與『否定』」②，就是一個典型的例子。這種如同符咒似的曖昧

語句，也許能用來建築一座言辭的迷宮，給人鑽到裏面去會覺得「舒服」、「有深度」，但那樣的句子是毫無認知意義的，即是說它根本沒有客觀的真假可言。依據艾耶等分析家所作的考察，從傳統哲學到目前的歐陸哲學，其中有好些主義或學說都是語意不明、思想不清的產物。分析的結果顯示：這類東西的底子不過是一套套似是而非的語言戲法吧了。

在分析家這樣嚴厲的抨擊下，歐陸哲學家有什麼反應呢？

歐陸哲學家亦不甘示弱。當分析家批評他們的頭腦混沌時，他們也批評分析家的感受膚淺。事實上，現代西方哲學一直分裂為兩大陣營：一邊是英美的分析哲學，另一邊是歐陸的存在主義和現象學。這兩大陣營的哲學家，像是生活在兩個截然不同且無法交通的觀念世界裏。英美的分析家看不起歐陸哲學，歐陸的哲學家同樣看不起分析哲學。以分析哲學的標準看，歐陸哲學故弄玄虛而流於文字遊戲；以歐陸哲學的標準看，分析哲學瑣碎冷硬而忽略人的情感。正如柏斯摩爾所說的：分析哲學家倘若指摘歐陸哲學「糟蹋人的思想」，則歐陸哲學家也會反過來指摘分析哲學「糟蹋人的靈魂」③。簡言之，當英美分析家譏笑歐陸哲學家「沒有腦」的時候，歐陸哲學家會譏笑英美分析家「沒有心」。

現代西方哲學這種對立的局面，從下述的事例可以見其一斑。

有一次，在法國南部舉行了一系列哲學會議。那系列會議除

了歐陸哲學家之外，還邀請了一些英美分析家參加。會議的宗旨，是希望歐陸和英美這兩大哲學陣營的成員彼此交換意見，企圖由此發現他們之間能夠交通的地方。開始的時候，氣氛是和緩而親切的，雙方也能建立起相當的友誼。但可惜的是，「哲學上的交通」卻總是無法達到。譬如，在其間一次聚會中，法國有名的存在主義者馬色爾發言，他打算向分析哲學家解釋他有關「超越」、「恩惠」等問題的看法。由於對象是分析家，所以他就盡可能地運用他所能夠運用的分析哲學的方法和術語。但結果仍是不很愉快，因為，他還是不斷遭遇到分析家的質問：「你那句話是什麼意思？」「你的意思只是如此而已嗎？你原來要說的顯然不是這樣的吧？」「如果這就是你那句話的意思，則你的說法怎麼可能……？」（以上都是分析哲學家慣常的問法。）經過一連串這種樣式的詰難之後，馬色爾開始顯得激憤起來了，而他的聽眾，也愈來愈騷動和不客氣了。最後，聽眾中有人問馬色爾：為什麼他不直截了當地說出他所要說的意思來呢？馬色爾的回答是：「也許我沒有辦法向你解釋清楚。不過，假如有一架鋼琴在這裏的話，我倒可以把我的意思彈奏出來。」④

這是一個美麗的回答。至於分析家的反應又如何？很可惜，故事到此為止，再沒有下文。但讓我們設想分析家這樣反駁馬色爾：「那麼你就乾脆彈琴去好了！或乾脆轉行做個演奏家好了！為什麼你又要用語言來說這麼一大套呢？一面埋怨語言、一面卻又喋喋不休的人，就像一個嚷着要『文靜』的長舌婦那樣，最令人討厭。哲學和音樂的性質不同。哲學是一門思考的學問，其不可或缺的工具是語言（沒有語言則無法深入思考和討論），而音

樂乃是藝術的一個分目，其不可或缺的工具是樂器（或人的發音系統）。如果哲學家不懂得善用自己的工具，反而妄想用樂器來思考，那麼他注定是會失敗的，最多只能給人世間增加一些莫名其妙、非驢非馬的滑稽笑料吧了。」

以上是我們設想分析家對馬色爾的一種批評。假如你是馬色爾，你怎樣反駁？假如我是馬色爾，我不知怎樣反駁，我也不會打算去反駁。我會去做自己喜歡做的事，例如抽一根煙，或找朋友聊聊天，或者去睡一個午覺。總之，我不會勉強去反駁。

到此，可能有人要問：究竟是分析家的境界高呢，還是馬色爾的境界高？對這個問題，我要反問：「什麼高高低低的？請你將你的意思解釋清楚些好嗎？你所謂的『高』（或『低』），根據什麼標準來衡量？」

我這樣反問，並不表示我認為關於「境界高低」的問題不可能有比較客觀的標準。我的用意只是要表明：在那問題的意思還沒有釐清之前，我們是無法有效地討論它的；假如硬是要胡亂爭論的話，結果就是「盲俠鬥盲俠」——互不碰頭。

二、分析哲學的方法進路

——從古代思想到現代分析思考

　　上節只是以最簡略的描寫勾劃出當前西方哲學的概況，並通過馬色爾與分析家的故事、以及對那故事的按語，希望能把當代西方哲學中兩大陣營對立的形勢具體反映出來。關於存在主義和現象學，我在別的地方已詳細討論過，此處不再贅言⑤。下面將集中探討分析哲學。

　　分析哲學萌芽於本世紀初開始的一個「哲學的革命」，演進至目前，其間大略可分為四個階段或種別：

　　（一）**早期分析哲學**——這時期最負盛名的分析哲學家是羅素、慕爾、和維根斯坦；而實效論者如裴爾士、詹姆斯等則可算是分析哲學的先驅。

　　（二）**邏輯實證論**——這是由「維也納學團」衍發出來的一個風靡一時的學派，以「反對玄學」和「強調科學」著稱於世。發展到後來，本派又稱為「邏輯經驗論」；其核心人物有卡納普、施里克、艾耶、函寶、萊興巴赫等。

　　（三）**特構語言學派**——這是應用特構語言（主要是符號邏輯）來處理哲學問題的一個路向，以卡納普、羅素、塔斯基、函寶、

瑰英、波柏、古德曼等人為代表。

（四）**日常語言學派**——這是藉着分析語言的平常用法來解答或
解消哲學問題的另一種路向，其中最重要的人物有（後期的）維
根斯坦、韋斯登、懷士曼、萊爾、奧斯丁、以及史特勞遜等。⑥

　　上列幾個支派的分析哲學，各有一些不同的性質。但本篇並
不打算詳細論述各支分析哲學之間相異的地方，而是要通盤地考
察這種哲學，探究它最主要的特點所在。因此我們要問：整體地
看，什麼是分析哲學最主要的特點？

　　分析哲學最主要的特點，是這種哲學在處理問題時所用的方
法。而分析哲學的方法，前面已提過，就是「語理分析」。現在
我們試從西方哲學的發展線索來着手探討語理分析的要旨。

　　西方古代哲學的中心問題是：「什麼是宇宙萬物的本質？」
「什麼是人生的終極目標？」前者屬於玄學，後者屬於倫理學。
關於這類問題，各家哲學提出各種不同的答案，眾說紛紜，莫衷
一是，沒有任何一家能提出一種被普遍接受的說法。為什麼會出
現如此混亂的形勢？是那些問題太過深奧難解，還是它們根本就
超出了人類的認知能力以外呢？如果人類的認知能力其實不可能
解決萬物本質和終極目標的問題，則再繼續追問就是多餘的了。
換言之，對這種問題的研究只會是徒勞無功之舉，如果我們的認
知能力在此是「心有餘而力不足」的話。（以前有個流行的笑話
說：一群近視眼聚在涼亭下爭論亭上的匾額寫的是什麼字，有人

說是「四海一家」，有人說是「天下為公」，有人說是「天下太平」。正當「各執己見，相持不下」之際，一個明眼人走來一看，不禁失笑說：「亭子上面根本沒有掛着匾額呢！」這個故事教訓我們，在爭論亭上匾額寫的是什麼字之前，一個先決的條件是：我們的視力能達到目的物，否則任何爭論皆屬無謂。）

由此可見，從追問「什麼是宇宙萬物的本質？什麼是人生的終極目標？」轉到追問「人的認知能力有什麼限度？萬物的本質和終極的目標是否在知識的範圍以內？」這個轉向，是一合理的思想發展。近代西方哲學，即以知識論的研究為核心。這實在是人類思考的一大進步，是哲學反省的深入一層——因為前一種問題預設着後一種問題。所謂「預設」的意思，可以例釋如下⑦。比如有一位 Q 先生問他的女朋友：「我們結婚時舉行西式還是中式的婚禮？」這個問題即預設了他的女朋友會跟他結婚。倘若女朋友根本就不會和他結婚的話，Q 先生的問題便成了一個空問題。所以比 Q 先生的問題更基本的問題是：「你會跟我結婚嗎？」再舉一個例。假設 Q 問他的女朋友：「你的丈夫近來沒有像以前那樣經常打你，是嗎？」這個問題有兩項預設：(a) Q 的女朋友是有丈夫的；(b) 她的丈夫以前經常打她。在此，Q 必須首先確定上述兩項預設成立，才可以提出他那種問法；不然的話，他要考慮的就不是「女朋友是否常被丈夫打」、而是「自己是否會被女朋友打」的問題了。同樣的道理，如果不首先反省認知的能力或知識的限度，而貿然追問萬物本質或終極目標的問題，那就彷彿我們的 Q 先生一樣，可能要碰到一個很大的釘子。

　　當哲學的重心轉到知識論之後，這方面的問題是否就有確定的解答？不是的。各家各派依然是各有各的學說，而沒有大體公認的定論。不過那並不等於哲學沒有進步。從玄學和倫理學發展到知識論，這的確是思想的一大進步，因為，如前所述，這是反省的深入一層，意思是指從一個問題追溯到該問題的背後，即追溯到比原問題更基本的問題那裏去。

　　這樣說來，在哲學中，知識論的問題是不是最最基本的呢？

　　答案是否定的。例如「知識的可能限度達到什麼地方？」與「所謂『知識』其實是什麼意思？」這兩個問題比起來，後者即較前者更為基本⑧。如果不首先釐清「知識」一詞的意思，則對「知識之可能限度」的問題是無從討論下去的。譬如問：「＊＊◎△有沒有極限？」誰會知道這個問題的答案？當然沒有誰會知道。在我提出那「問題」的時候，我本就不曉得自己在問什麼；倘若我提出「解答」的話，我自然不會曉得自己在說什麼。因此，要是碰到這種性質的「問題」，我們顯然毋須浪費時間去「尋求解答」，更不必為此爭辯不休。我們應一開始即提出反問：「在你的問題中，『＊＊◎△』到底是什麼意思？」

　　「你所說的『×』是什麼意思？」這樣的問法，正是語理分析最鮮明尖銳的標記。

　　倘若依循平日思考的一般習慣來處理問題，我們的做法往往只是直接尋求問題的解答，而很少會去反省它的意思。但是當我

們採取語理分析的方法來處理問題的時候,我們就會首先釐清問題的意思。假如分析的結果顯示出那是一個沒有意義的偽贋問題,這時我們要做的工作就不在於提出解答而在於把它解消。另一方面,假如分析的結果顯示出所考慮的問題是有意義的,那麼我們便進一步對它的意義(意思)加以較精細的審定。通過這樣的分析,對問題的探討才可說是具有嚴格基礎的。否則的話,所作的「探討」就很容易會流於混淆、盲目、乃至無的放矢。

總括上文的論述:從玄學和倫理學進到知識論,再從知識論進到語理分析,這個發展乃是思想反省愈趨成熟的表現。西方哲學從古代演變到目前的分析哲學,其間的線索,藉圖一所示的發問方式便能在大體上展露出來⑨:

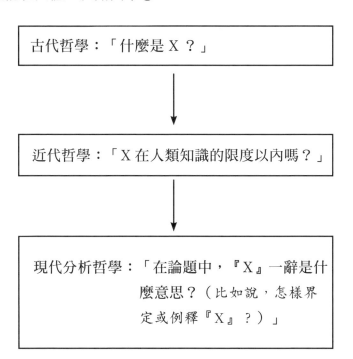

古代哲學:「什麼是 X ?」

近代哲學:「X 在人類知識的限度以內嗎?」

圖一　現代分析哲學:「在論題中,『X』一辭是什麼意思?(比如說,怎樣界定或例釋『X』?)」

三、對文字把戲的破解

討論過語理分析或語言分析的進路之後，現在我們用幾個例子（對四類最易惑人心思的文字把戲加以破斥）來具體闡述分析方法的實際運用。依其性質可知，這種方法雖然源於哲學思考，但是並不限於哲學思考；反之，對任何思想性的問題來說，語言分析都可有極為重要的應用，都能夠作為處理問題的方法初基。下面討論的問題，就只有部分屬於哲學的範圍，其他的則在哲學的範圍以外。⑩

（A）無中生有派

細心觀察一下，你會發現，有不少驟然看來像是「有」認知意義的言論，經過分析便顯出原來是「無」認知意義的。為了提醒注意起見，讓我們把這類言論叫做「無中生有派的言論」。

例一：柏烈得萊的「絕對」

本世紀初有名的新唯心論者柏烈得萊說：「絕對（The Absolute）加入演進和進步裏，而它自己卻不能演進和進步」⑪。

遇到這樣的說法，若用語言分析的方法來處理，我們就不會

輕率地立刻表示「同意」或「不同意」，而是會首先檢查它是不是一個有認知意義的語句。我們須問清楚：「所謂『加入』，在這句子中的意思是什麼？我知道『這人加入那個團體裏』之類的說法是什麼意思，但『絕對加入演進和進步裏』卻是什麼意思？在什麼樣的情境下算是絕對加入演進和進步裏，在什麼樣的情境下不算？再者，按照通常的用法，『絕對』不是一個名詞，可是你卻把它當作名詞來使用；依你的用法，這個詞語究竟指什麼東西？」只要透過上列問題去檢查柏烈得萊說的那句話，我們就不難看出它並沒有明確的意義能讓人斷定它為真或為假。因此，這句話甚至稱不上是一個假語句，而是連假語句的資格都沒有的偽贗陳述。換言之，這句話是缺乏認知意義的。

例二：黑格爾之謎

讓我們玩一個猜謎遊戲。我從某個名聞世界的哲學家底著作中引一段話，僅略去其中第一個字，以「×」代替，然後我們試猜這段引文所談及的東西是什麼：

「Ｘ是物質在它的無形性及其液化性之中的自我復元；是其抽象的同質性對分殊的特定性之一種勝利；它底作為否定之否定的抽象的純粹自存的連續性在此從事活動。」⑫

對西方哲學史有認識的讀者，或許已猜到這段話來自黑格爾。不錯，是黑格爾說的。可是你能猜出什麼是其中的×嗎？我敢打賭，縱使你念過很多次黑格爾，你仍然猜不到，是嗎？

讓我告訴你，「×」所代替的字是：「熱」。黑格爾要說的，只不過是我們那麼熟悉的，在太陽下、在火爐邊，我們都會感覺到的——熱。但為什麼要說得這樣玄之又玄？難道有此必要嗎？白連沙德表示，他懷疑黑格爾這段文字不外是一段沒有意義的字面堆砌。⑬白連沙德不算是分析哲學家，他的思想是比較保守和傾向傳統的，但他也認為黑格爾這番話沒有意義。至於分析家更不用說了，他們的典型問法是：「什麼？你那句話是什麼意思？什麼是『抽象的同質性對分殊的特定性之一種勝利』？怎樣算做『作為否定之否定的抽象的純粹自存的連續性在此從事活動』？……」有人贊同亦有人反對以上黑格爾的說法，然而這兩種態度都有問題，因為不管是贊同還是反對，都已假定了黑格爾的說法是一個確定的斷述，但事實上那只是一串缺乏明確內容的、沒有認知意義的句子吧了。

（B）跳高一層派

「跳高一個層次來看……」

「在某個意義之下……」

「從 × 學的觀點（或角度）着眼……」

這些片語現在已經成為許多人的說話公式。但是，所謂「高一層次」是什麼層次？所謂「某個意義」是哪個意義？所謂「×學的觀點或角度」是怎麼樣的一種觀點或角度？把上述片語用作口頭禪的人，給這樣問到的時候，往往只會瞠目不知所答。

我不是說上述片語不可使用。假如對剛才所提的問題能夠給出清楚的答覆，則使用那類片語自然沒有什麼不妥。但假如根本就不能表明自己所說的是什麼意思，而只是利用這些片語來花言巧語一番，那就會造成是非不分、觀念混淆的亂局。而事實上，有不少人正是將這類片語當作擋箭牌來使用的。每當別人指出他們的言論有毛病時，他們就祭起其「法寶」來狡辯：「在一般的層次看，你的批評是對的；但要是跳高一層來看，我的說法更站得住腳。」或者說：「在平常的意義之下，你的批評可算正確；不過在某個意義——一個更深的意義——之下，我的說法才是正確的。」又或者說：「以普通的觀點或角度來衡量，你的批評也有道理；可是從 × 學的觀點或角度着眼，我的說法完全成立。」

遇到這種「跳高一層派」（或「某個意義派」或「觀點角度派」）的「高手」時，該怎樣應付？

我們最好請他先釐清他所說的「層次」、「意義」、「觀點」、「角度」等的內容。但是，有的高手在這個時候就會藉着譏笑、「發火」、濫用權威、或顧左右而言他……等等伎倆把問題轉移開去。在此情況下，我們只好採取其他的辦法了。我最常用的一種很有效的辦法是：**以子之矛，攻子之盾。**

譬如有一次，在討論時碰到一位「跳高一層派」兼「某個意義派」的掌門，發覺很難通過講理的方式和他討論，於是我就用「以子之矛，攻子之盾」的辦法，彷彿很嚴肅地忽然對他說：
「你知道嗎？孔子的體重超過五百磅。」

「你這句話不合事實。」

「在平常的意義之下你是對的，但在某個意義——一個更『高』的意義——之下，我的說法更對。倘若孔子揹着南子，南子揹着子路，子路揹着貂蟬，貂蟬揹着呂布，呂布揹着楊玉環——在『這』個意義之下，我說的那句話就是很對的。」

「那句話怎麼會有這個意義的呢？」他莫名其妙。

「如果你跳高一層，或跳高兩層、三層……來看，你就知道確是有這個意義的了。」

（C）另一種 X 派

我們可以說，斑馬是跟普通的馬不同的另一種馬，化石是跟普通的石不同的另一種石……。這些說法的必要條件是：斑馬和化石分別地與普通的馬和石的類屬性徵大致相同。一般而言，只有當 a 與 b 的類屬性徵大致相同的時候，a 才可說是另一種 b。依此，我們不可以指着一隻鹿說那是「另一種馬」，也不可以指着一塊石頭說那是「另一種蛋糕」。

這個原理本是很淺白的。但是，目前有一種頗為流行的論調，在骨子裏正是「指鹿為馬」的翻版，不過由於所涉及的不是「鹿」、「馬」等具體名詞而是「自由」、「民主」等抽象名詞，以致其「指鹿為馬」的荒謬本質較易逃過一般人的覺察。這種論調宣稱：「通常說的自由民主是假自由假民主，我們所說的是另一種自由民主，那才是真自由真民主。」

問題是：此所謂「另一種自由民主」與通常說的自由民主之間究竟有些什麼大致相同的類屬性徵？假如根本沒有的話，那又怎能稱之為「另一種自由民主」，甚至美其名曰「真正的自由民主」？這種說法與指鹿為馬、把石頭叫做蛋糕又有什麼分別？

然而「另一種X派」的天才們是不屑去理會這類無聊問題的。天才認為：「只要開動萬能的宣傳機器，重複又重複、重複又重複、重複又重複地向人宣稱他們擁有的是另一種自由民主並且是真正的自由民主，那麼，日子久了，他們就會相信。」

最可悲的是：以上的想法很可能是符合事實的。

（D）空洞派

「車開得太快者將重重受罰」與「車速超過每小時一百公里者罰款五百大元」這兩句話比起來，後者較前者遠為精密，或者說，前者較後者空泛得多。此外如「反動」、「壞分子」……等等字眼，同嚴格的法律術語稍加對照，便可看出也是一些空空泛泛的語辭。

空泛的語辭是釀製油腔滑調的上佳材料。比方有江湖神棍對你說：「你要是遵守如此如此的誡條，上帝（或玉皇大帝）就會保佑你。」你照着去做了，卻是一直遭逢不幸，於是跑去找他算帳。試想想他還有什麼好說的？他會告訴你：「其實你已經是得到上帝保佑的了，不然的話，你遭到的不幸會更加多，可能已大難臨頭，根本沒命來找我算帳呢。」這種講法，就是油腔滑調的

一個典型。

　　油腔滑調的特色，是能夠在任何情形之下都被解釋成為正確。其中的「奧妙」在於：這種言論利用了籠籠統統的字眼，永遠不作清晰明確的斷述，結果總能避開別人提出的否證，而將一切事例都說成是它的證據。不過可惜得很，油腔滑調雖然這麼「安全保險」，但其代價是：這類言論不能提供任何確定的知識或具體的指引。

　　用一個例子來說明。假設有工程學教授宣布說他的工程理論全部只是兩句格言：「所取的材料要合用，所用的圖則要適宜。」他並沒有標明怎樣才算是「材料合用圖則適宜」，但卻指着建造成功的樓宇說：「這是我的理論之為正確的例證。如果材料不合用、圖則不適宜，建築就不會成功。」對於造好不到幾天便倒塌下來的樓宇，他也一樣說：「那又是我的理論之為正確的例證。塌樓之事多少總是由於材料不合用、或圖則不適宜才會發生的。」十分明顯，這種「理論」安全是夠安全了，然而不能構成工程學的確定知識，也不能給建築工人提供具體的指引。

　　當然，上述教授只是一個虛構的人物，目的是在例釋內容空洞的言論。事實上，各門科學（包括工程學）的用語大都是精密嚴格的，否則科學對現代人在衣、食、住、行、醫療、娛樂……等各方面的影響便決不會像目前這麼巨大。我們不難設想，假使有人在科學會議中提出像上述教授的那種「理論」的話，他不被人扔臭蛋才怪呢。但更奇怪的是，關於宗教、政治、社會、文藝

等問題的言論，其中有許多油腔滑調卻被看作是「深刻的哲理」。這種文字把戲必須拆穿，不然的話，人們的思想就會在種種「**封閉系統**」（closed system）裏面兜圈子，誤把一堆堆恍兮惚兮的說法視為「有很豐富的內涵」。心思陷在封閉系統裏的人，到處都會發現能夠「證實」其信仰的例子，於是常常充滿「作見證」的衝動甚至狂熱，同時不能忍受任何懷疑；他們喜歡通過各種奇妙的方式（譬如火刑、槍斃）去「拯救不信者的靈魂」，但就是不喜歡通過講理的方式──也許那是因為他們認為自己的信仰已有太多的「見證」支持，所以不必再多講了？

下面列舉幾個封閉系統或「準封閉系統」的實例，以結束本節的論述。

例一：

「成功的秘訣是在最恰當的時刻做最恰當的事。」這句話是不着邊際的。就以打架來說，如果你總是打不過人家，回去把這句話念上一千遍也沒有用。【但我們千萬不要輕看這類摸不着邊的說話。倘若你有興趣做一個「所有成就歸功於你」的「偉大導師」，那麼有個「秘訣」你一定得記住：你說的話就是要叫人摸不着邊──當然，你須得在最恰當的時刻運用最恰當的字眼。】

例二：

「事情之所以如此，是因為事物是不斷變化的。」這又是一種空洞浮泛的說法。比方你去看醫生，想知道為什麼早上還是好

好的、下午卻病倒了；假如他的診斷只是說：「那是由於事物是不斷變化的。」這時你會怎樣？你可能要打掉他的門牙。【不過，「事物不斷變化」之類的句子雖然大而無當、語焉不詳，但不少識時務的俊傑就是全靠這種說法而過關的。俊傑們的立場隨時改變，據說那是由於「認識改變了」。然而他們的「認識」為什麼這樣巧總是跟着權勢改變而改變的呢？他們說：「因為事物是不斷變化的。」】

　　例三：

　　「信就得神恩，不信就遭神罰。」我猜想這無非是心胸狹窄的人自己加上去的主觀投射而已，因為上帝大概不會像人那樣小器。但既然傳教士說（且不管他們怎會知道）：「神的心意，人所難測」，那麼我們還是撇開這點不談吧。現在只談「神恩」、「神罰」兩個詞語。這對詞語之間的使用界線，是模糊不清、遊移不定的。當一個人的房子燒了，在逃跑時腿跌斷了，火災過後更發覺連太太也失蹤了，在這個處境中，他是得到了神的恩典，還是遭受到神的懲罰？【如果他是你的敵人，你可能說：「活該，他受到了上帝的懲罰。」但如果他是你的朋友，你卻可能這樣安慰他：「感謝上帝，那是上帝賜給你的恩典。你的房子燒了，在天國你將有更美好的房子；你的腿跌斷了，在天國你將有更強健的雙腿；至於你的太太失蹤了的問題，那更無疑是上帝賜給你的最大恩典了。」】

四、澄清與定位

到此，我們已探討過語理分析的要義及其實際的應用。本篇最後要做的工作，是澄清對語理分析的幾種誤解，並說明這種方法在「思考方法學」中所佔的位置。

（A）有關語理分析的幾項澄清

前面曾一再提示過，語理分析的方法進路，用最簡略的話說，就是「**首先釐清論題的意思**」，稍為詳細一點說，則是「首先分析關鍵語辭的用法，釐清了所考慮的論點或問題的意思之後，才着手進一步的研究。」

關於這種方法，有下列幾項必須澄清。

（1）我們也許會認為，沒有什麼比「首先釐清論題的意思」這樣的方法更為簡易的了。不過，要知道，當實際遇到種種思想性的問題時，怎樣將這個方法落實，怎樣把它運用得靈活、合理、且服人之心──那決不是一件簡易的操作，而是一種精微的技巧，不僅需要鋒銳的頭腦、機敏的心思，尤其更需要對意義有透徹的了解、準確的審辨，此外還得打破一種心理障，就是望文生義、胡思亂想，例如一聽見「語言」二字便想像語言分析是文字把戲，而不知這種方法正是文字把戲的剋星。

（2）有的人把語意學（或把記號學、語言學、語言哲學等等）和語理分析混淆起來，以為語意學即是語理分析。這是很大的誤解。語意學是一門「學科」，但語理分析本身不是一門學科，而是一種探究問題的「方法」或「進路」。

語理分析的方法可用來確立一切學科（自然包括語意學在內）的概念基礎；換言之，這種方法可用來處理任何領域裏屬於思想性或概念性的問題。特別要指出，在知識論、倫理學、美學、宗教哲學、社會政治哲學、以及哲理語意學（philosophical semantics）等等哲學部門之中，語理分析的方法格外顯得重要而且必要。另一方面，語意學的研究成果（例如對語意結構的考察所得），卻又能反過來給分析方法的實際運用提供不少的利便。

粗略地說，語理分析和語意學的關係是：語理分析是語意學的基礎方法（或說是哲理語意學的主要方法），而語意學則可作為語理分析的輔助工具。⑭

（3）有的人以為，語理分析講求用語的清晰，只不過表示這種方法之膚淺。但這是一個荒謬的見解。第一、「清晰」既不等於「清淺」，更不等於「膚淺」；譬如物理學，當然不算膚淺，卻仍然可以用清晰的語言建構起來。第二、假如用語的意思含糊不清，那是無法確定它說了些什麼的；假如無法確定它說了些什麼，則又怎知它表達了一個「深奧的思想」？其實，能夠用清晰的語言將論點清楚地陳構出來，乃是「功力高」的一個徵象。在未能深入而準確地把握所考慮的課題之時，我們是難以把它說得

明白的，這時我們的用語每每就會變得晦澀，有意或無意地將立論的可能弱點藏飾起來。語理分析之可貴與可愛的地方之一，正是這種方法常使我們的立論不帶隱藏或虛飾。

（4）有的人煞有介事地抗議：「釐清是不足夠的！語理分析是有其一定限度的！」這種話說了和沒說差不了多少，因為，我們同樣可以把任何東西都說成是「不足夠的」或「有其一定限度的」。比方說：「數學是不足夠的，因為它不能用來醫人；醫學是不足夠的，因為它不能用來烹飪；烹飪方法是不足夠的，因為它不能用來計算……。再者，『釐清是不足夠的』這句話本身也是不足夠的，因為它既不能吃，亦不能穿，更不能拿來打破傻瓜的腦袋。」

固然，在特殊的情況下，比如當有人那麼傻以為「語理分析是一切」的時候，我們也許能以「不足夠」一語去提點他，但是，這並不等於語理分析這「方法」有毛病，而只是他對語理分析的「看法」有毛病。

（5）有的人說話似通非通、似明非明，但如果你請他釐清一下，他便會發火叫嚷：「你這是執着文字嘛！」這顯然是很不負責的說法。語理分析從來沒有叫人「執着文字」。這種方法並不是要漫無目標去分析任何語辭，而只是要分析論題中的關鍵用語。就以「人是否命定？」這問題來說，我們不必追問「『人』是什麼意思？『是』是什麼意思？『否』是什麼意思？」可是我們卻要分析清楚「命定」的意思，因為這是解決那問題的最起碼

的條件。

經過這樣的解釋，倘若對方還是執着「不要執着」來作遁辭，那麼我們只好再次運用前述「以子之矛攻子之盾」的策略了。我們也胡亂陳說一堆似通非通、似明非明的句子，而當他問我們那是什麼意思時，我們就裝作委屈地說：「你這是執着文字嘛！」

（Ｂ）語理分析的定位：思考方法學的起點

現代的思考方法學（或簡稱「方法學」⑮）所包括的項目，主要有下列四種：

（１）語理分析
（２）邏輯方法
（３）科學方法
（４）謬誤剖析

在這幾種方法之中，語理分析是最基本的一環。理由如下。

謬誤剖析的方法，是其他三種方法的引申，因為，要判斷一個言論有沒有犯了謬誤，我們所依據的，就是語理分析、邏輯方法、和科學方法——我們先要分析那個言論，看看它有沒有語理上的毛病；分析之後如果辨明了那言論沒有語理上的毛病，我們就進一步應用邏輯方法和科學方法，考察它是否合乎邏輯的律則、是否滿足科學方法所陳示的關於證立的規求。依此，謬誤剖

析可說是以其他三種方法作為憑藉的。既然這樣，要判別語理分析是不是方法學的最基層，我們便只需考慮它是不是比剩下的那兩種方法都更為基本。很明顯的，當我們應用邏輯方法或科學方法來處理任何論題的時候，我們第一步必須確定那論題所說的或所問的到底是什麼，換句話說，我們必須首先釐清論題的意思；如果連論題的意思還未能確定的話，我們又怎樣着手應用邏輯方法或科學方法去處理它？由此可見，語理分析的「方法學位置」是先於邏輯方法和科學方法的。總括地說，語理分析是思考方法學最基本的部分；簡言之，它是方法學的起點。

是起點，但不是終點。

這是因為，知識系統的建構，固然有必要釐清或審定所用的語言概念，可是除了這種清理、開路、或打地基的底層工作之外，我們更有賴於其他方法（特別是科學方法）來從事知識系統的建構工程。當然，一般所謂「思想性的問題」乃是概念問題，原則上只需用分析方法界劃清楚其關鍵語辭或關鍵概念便能得到解決，但當我們考慮的不是概念問題而是經驗問題時，科學方法就會是主要的憑藉了。舉一個例，比如「什麼是真、善、美？」之類的概念問題，要是能夠分析清楚「真」、「善」、「美」等概念的話，那問題就等於得到了解決；然而對於「宇宙是否在膨脹？」之類的經驗問題來說，分析「宇宙膨脹」的概念——即釐清「宇宙膨脹」一辭的意思——那只是一種最起碼的功夫，因為主要還是需靠科學方法才能判定事實上宇宙是否在膨脹。這個例子顯示：語理分析雖是方法學的起點，但不是方法學的終點。

　　說到這裏，你可能會問：究竟是起點重要還是終點重要？讓我用一個反問來「回答」這問題：「有甲乙兩人賽跑，甲跑一百公尺勝過乙，乙跑千五公尺勝過甲，究竟是誰跑得快些？」也許以上的「回答」仍然不能使你滿意，那麼我試提出另一種回答，希望能夠令你心安：「如果你喜歡語理分析，你可以說起點比終點重要，因為假如沒有起點，事情永遠無法開始；但是，如果你不喜歡語理分析，你卻可以說終點比起點重要，因為假如沒有終點，事情永遠無法完成。」

註

① 本故事的描寫，僅約略取意自羅素。Cf. M. Black: *The Labyrinth of Language* (New York: Mentor, 1968), p. 165.

② M. Heidegger: "What Is Metaphysics" cit. f. A. Naess: *Four Modern Philosophers* (U. of Chicago, 1968), p. 36.

③ J. Passmore: *A Hundred Years of Philosophy* (2nd ed., Penguin, 1966), p.467. 按：關於英美哲學與歐陸哲學的分歧，本節的論述只是一種鳥瞰，並沒有提到個別的例外。再者，在不會引起誤解時，我會略去像「許多」、「大多數」等限定語。

④ 取意自 H. Kohl: *The Age of Complexity* (N. Y. Mentor, 1965), p. 11.

⑤ 李天命：《存在主義概論》（香港：友聯出版社，一九七二、七四、七七、八〇；台灣：學生書局，一九七六）。

⑥ 上述各支分析哲學不必互相排斥。例如羅素可歸入（一）與（三），而卡納普則可歸入（二）與（三）。

⑦ 預設可區別為幾個次類。不過就本文的目的來說，我們毋需再這樣細分。

⑧ 如果要說後者也算是知識論的問題，那麼這是「透過語理分析的進路來設問的知識論問題」。這種問法與傳統知識論的問法不同。又按：本文關於「基本性」所作的比較，是從「方法學的次序」來決定的。

⑨ 這裏所說的線索，用意只在對西方哲學思考的發展提供一種簡略的「架式的表象」（schematic representation）。

⑩ 本節的目的主要是例釋分析方法的運用，並不打算詳述各個論點的細節。譬如（三‧C）所涉及的問題，可在 M. Cranston: *Freedom* (London: Longmans, 1953) 找到進一步的討論。又如（三‧D）所提到的空泛言辭以及（三‧A）所牽涉到的隱喻或圖像思想，將在

另文探討其可用與無用的分際。

⑪　Cit. f. A. J. Ayer: *Language, Truth and Logic* (2nd ed., Penguin, 1946), p. 49.

⑫　Cit. f. B. Blanshard: *On Philosophical Style* (Indiana U. Press, 1967), p. 29-30.

⑬　Ibid.

⑭　這兩者之間的關係將在另文加以較詳盡的分析。

⑮　方法學有不同的種別，例如管理的方法學、教育的方法學等等。本文所說的方法學，是指思考的方法學。思考方法學所考慮的，大體上是關於各種思考的審查與核證的問題，而不是關於發現過程的問題（後者很多時候是沒有定則可循的）。附帶一提：狹義的方法學，與科學方法學等同。

*　有關用語的兩個補註：（1）在「語理分析的方法」這個片語之中，「語理分析」指一種思考的活動；在「語理分析這方法」一語之中，「語理分析」指一種思考的方法。（2）「語理分析是方法學的基本部門」一類的說法，可視為「方法學的基本部門以語理分析為其課題」這句話的簡略語──正如「命題演算是邏輯的基本部門」這句話可視為「邏輯的基本部門以命題演算為其課題」的簡略語。

第 II 篇
語言的陷阱

引言：語言陷阱與清晰思考

　　某些語辭（即字、詞、片語、或句子），或某些使用語辭的方式，是特別容易誤導、混淆、或妨害思想之正確運作的。讓我們將這類語辭或使用語辭的方式稱為「語言的陷阱」。

　　語言的陷阱往往比地下的陷阱更可怕。

　　為了防止思想的糾纏、錯謬，為了使思考清晰、精審，我們必須對語言的陷阱有起碼的認識。把各種各樣惑人心思的語言陷阱指認並揭露出來，這在語理分析的工作中，是極為重要的一環。

　　本篇的目的，就是要論介各種最常見的語言的陷阱。①

一、闕義

（A）什麼是闕義

在日常語言裏，有些句子以語法的標準來衡量時，可算是完整的語句，但從語意的方面看，這些句子是不完整的。換句話說，這種句子的形式結構（語法）雖然完整但其意義內容（語意）卻並不完整。

譬如有時我們聽人說：「講老實話是最有利的做法。」這就是一個語法完整但語意不完整的句子。除非它的脈絡（或稱「語境」，即是它的上下文或說話時的場合）能夠提示所欠缺的意義，否則，當我們討論這句話的時候，我們必須先問清楚：「最有利？與什麼比較起來最有利？還有，對誰來說最有利？對於講老實話的人來說是最有利的呢，還是對於和他交往的人來說是最有利的？或是對他們雙方面都最有利？」

讓我們把上述那種在句式上完整但在意義上不完整的句子稱為「語意欠整的語句」。語意欠整的語句也可以叫做是「闕義的」（meaning-incomplete）②。以下再舉幾個實例來較詳細地闡釋闕義（語意欠整）的性質。

（B）例釋：政制與生命

例一：

「青少年期的反叛行為常是很危險的。」這個句子的意義不完整，因為它沒有指出青少年期的反叛行為對誰來說是危險的。對青少年自己來說是危險的呢，還是對那些在社會上已獲得固定利益的人來說是危險的，或是對整個社會各階層的人來說都有危險……？

例二：

「怎樣的制度是最妥善的政治制度？」這是一個語意欠整的問句。要回答它，我們需要追問：所謂「最妥善」，是從哪個觀點說的？是從統治者的觀點說的，還是從被治者的觀點說的？是從知識分子的立場看是「最妥善」的呢，還是從商人、實業家等人的立場看「最妥善」，或是從工人、農民等人的立場看「最妥善」，或者是從任何立場看都可說是「最妥善」？

例三：

在哲學上有一個甚多人自覺或不自覺地接受的見解：認為「生命是有價值的」。當我們研究這一見解是否站得住腳的時候，我們必須釐清：「生命是有價值的」這句話，是指「一切」生命都有價值，還是指「某些」生命有價值而並不涵蘊另外某些生命（比方說濾過性病毒的生命）亦有價值？再者，那句話是指生命在任何情況下（包括精神錯亂、絕症、長期受酷刑虐待……等情

況下）都是有價值的，還是僅就某些情況來說生命是有價值的？又，所謂「有價值」，是對誰講的？是對被論及的生命本身來講，還是對旁觀者來講，或是對兩方面都可以這樣講？

在這些問題未得到釐清之前，就馬上表示贊同或反對「生命有價值」的見解，乃是冒失的做法，常會引致無謂的爭論，白白虛耗了我們「有價值的生命」。

（C）闕義的原則

討論到此，我們也許會以為，無論什麼時候都不可以使用闕義的句子。但其實這個看法並不正確。事實上，闕義有其利亦有其弊，要視乎使用時的情況而定。只要當時的文意夠清楚，闕義的句子反能令得用語簡潔，使我們可省去一些語意完整但卻冗長累贅的陳述。這是闕義之利。至於闕義之弊，則是當文意不清的時候，這種句子是會迷亂別人（甚至自己）的思想的。

下述關於闕義的一般性原則，當有助於我們去防範闕義語句的流弊，同時又不至於不分青紅皂白地將這種句子一律加以排斥——

設 S 是一個闕義的句子。假如 S 所在的脈絡足以提示所欠缺的意義，則在這情況下 S 之為闕義是無害於思考或討論的。但假如 S 的脈絡並不能提示所欠缺的意義，那麼在這情況下 S 可說是一個對思考和討論有妨害的句子了。

　　按：上述原則是針對着思考、討論等認知性的活動而提出來的③。倘若說話時的目的根本不在於此，而在於（舉例說）談情說愛，則縱使所用的句子語意欠整，並且當時的脈絡亦不足以提示所欠缺的意義，但很多時我們還是不必要求將欠缺的意義加以明文補足的。【譬如，當你的女朋友向你大發嬌嗔說：「男人是負心的。」如果你咄咄逼人地反問她：「你的意思是指『所有』男人都是負心的，或只是說『有些』男人是負心的？在『一切』情況下男人都是負心的，或只是在『某些』情況下男人是負心的？男人對『任何』女人都負心，或只是──比方說──對『囉唆』的女人負心？」如果你以這樣的方式反問女朋友，那麼請你記着兩點：第一、你並沒有好好的消化前面有關「闕義」所提的按語；第二、你要小心，你以後可能再也找不到女朋友向她「負心」一番了。】

二、歧義

（A）什麼是歧義

我們考察底下兩個對話。

對話 a ——

　　小孩問：「媽媽，為什麼剛才睡着的時候我會飛的？」

　　母親答：「孩子，你是做夢而已。」

對話 b ——

　　男孩問：「你其實很喜歡我，是嗎？」

　　女孩答：「你是做夢而已。」

「做夢」一詞在對話 a 裏的意思，與這個詞在對話 b 裏的意思不一樣。在 a 之中，「做夢」一詞是指睡着時的某種心理經驗。在 b 之中，「做夢」一詞所指的，則是人們在醒着的時刻所作的不切實際的空想。

只要反省一下自己的語言，我們便不難發現，有很多語辭都具有兩個或兩個以上不同的意義④。這種具有多過一個意義的語辭，一般稱為「歧義語辭」（ambiguous expression）⑤。

剛才考察過的「做夢」一詞，就是歧義的。此外如「天」、「地」、「陽」、「陰」、「法」、「子」、「理」、「和」、「同胞」、「經濟」、「風流」……等等語辭，都有兩個或兩個以上不同的意義。就以「天」字來說，這個字至少有三個意思：（1）諸星羅列的空間，（2）自然，（3）時日季節（比方說「昨天」、「秋天」）。再以「風流」一詞來說，這個詞至少有以下

幾個不同的意思：（1）舉止蕭散品格清高，（2）精神韻味，（3）浪蕩不羈。

　　語辭之所以有歧義，原因不止一種。類比、引申、借用、語法結構……等等因素都可能令語辭產生歧義。由上述最後一種因素（語法結構）所造成的歧義，特別受到語言學家（比如參姆斯基等人）的注意。這種歧義稱為「語法歧義」。「路不通行不得在此小便」就是一個例子。在小巷牆上寫這句話的人，本來要說的是「路不通行，不得在此小便」，可是在那裏小便的人卻把這句話解釋為「路不通，行不得，在此小便」。又例如「士可殺不可辱」，其原意為「士可殺，不可辱」，但我們開玩笑時可以將它解釋為：「士可殺？不，可辱！」

（B）例釋：勝敗與自由

　　以上我們已經界定並通過實例說明了語辭的歧義。現在我們要對這種語言現象作進一步的例釋。

　　不少笑話是利用語辭的歧義而構思出來的。前述語法歧義的例子就是其中的兩個。下面是「非語法歧義」（廣義的「語意歧義」）的一些例子。

其一

（在西洋劍擊會的詢問處。）

甲：「我想加入貴會。」

乙：「本會向來是最歡迎『新血』的。」

甲（大吃一驚）：「我不想加入了。」

其二

中文教師：「在中文裏，俗稱雜物為『東西』。比方枱、椅、梳、書籍，都是東西。」

洋學生：「我明白了，我們都不是雜物，所以你不是東西，我也不是東西。」

　　上述笑話的關鍵，在於「新血」和「東西」的歧義。當然，這種情形下的歧義是無傷大雅的。不過，在認知性的探討中，如果因為語辭的歧義而令得思想糊塗起來，那就不再是無傷大雅的小笑話了。現在舉出兩個容易擾亂思想的歧義之實例。

例一：

　　曾聽過這樣的論調：「戰爭沒有勝方，只有敗方。任何一場戰爭裏的每一個參與的國家其實都是失敗的。就拿第二次世界大戰來說吧，一般人都認為德國是敗了，而英國則是一個戰勝國。可是，只要我們考慮到英國在這場戰爭裏所遭受到的損毀，考慮到她在政治、經濟、社會、或人民的生命與精神各方面所遭受到的破壞，我們又有誰能否認她實在也是失敗的呢！」這個說法中的「敗」（或「勝」）就是一個歧義的語辭。在「一般人都認為德國是敗了」這句子裏的「敗」字，主要是指軍事上的「被擊倒」。但在「又有誰能否認她（英國）實在也是失敗的呢」這句

子裏的「敗」字，主要卻不是說軍事上的被擊倒，而是指政治、經濟、社會、或人民的生命與精神等各方面所受的「損毀」。假如我們沒有覺察到「勝」、「敗」等字眼在此有歧義的性質，我們也許會覺得「戰爭沒有勝方，只有敗方……」之類的說法好像很深刻、很有見地的樣子呢！可惜，經過上面的分析之後，我們發現，那不過是利用了語辭的歧義來造成的一種「文字遊戲」吧了。

例二：

「一般所謂自由的人，其實都不是自由的，因為，即使那些沒有受到外在因素所制約的行動，仍然是被行動者自己的性格和心理狀態所決定的。」在這個論證中，「自由」一詞是歧義的：（1）當一個人沒有受到某些外在因素（比如監獄、集中營、極權制度）的制約時，我們會說那人是一個「自由的人」；在這個意義下，「自由」是指「沒有受到例如監獄、集中營、極權制度等外在因素的制約」。（2）另一方面，有些學者把沒有外在因素所制約的行動也叫做「不自由」，他們的意思是說，這類行動至少仍被行動者本人的性格和心理狀態等原因所決定；在這個意義下，「自由」是指「不被任何原因決定」。至此，我們恍然大悟：原來「一般所謂自由的人其實都不是自由的」這個句子裏的「自由」一詞在兩個不同意義之間遊移。當它第一次出現時，「自由」的意思是（1）所表示的意思，然而在第二次出現時，它卻已轉取（2）所表示的意思了！這類言論利用了語辭的歧義而使人產生錯覺，誤以為它「很有深度」或「甚有深意」，但拆穿之後卻顯出原來只是故弄玄虛而已。

（C）歧義的原則

像闕義一樣，歧義也是有利有弊的。對語言的經濟來說，歧義語辭有一定的好處，因為它可以使我們免除「凡有新意義便要增加新語辭」的那種麻煩。不過歧義語辭也有它的壞處，因為它不少時候會引生思想上的糾纏。以下的一般性原則，可幫助我們正確地處理語言的歧義——

設 E 是一個歧義語辭，且在某個脈絡 C 裏出現（脈絡的範界不能事先硬性規定，但不可違背常理而把它定得過大或過小）。如果 C 不能表明 E 在其中的每次出現究竟是取哪個意義，則在這情況下 E 的使用乃是一種混淆思想的用語方式。但就算 C 原則上能表明 E 在其中的每次出現究竟是取哪個意義，就算如此，倘若我們利用 E 的歧義性質來玩弄文字遊戲（見上一分目的例一和例二），那麼這仍然可以說是一種混淆思想的用語方式。

三、含混

（A）什麼是含混

當一個語辭的應用範圍沒有截然明確的界線時，這語辭就叫做是「含混的」（vague）。⑥

例如「禿子」或「頭毛稀疏」，便是含混的語辭。這語辭之所以為含混的理由如下。

假定你有滿頭濃髮。要是你不介意一點微痛的話，相信你不會在乎我從你滿頭的濃髮中拔去一根留為紀念的，是不是？顯然地，你不會因為失去一根頭髮就會由滿頭濃髮變為一個禿子。事實上，拔去一根頭髮之後，你仍然是滿頭濃髮的。既然你仍然有滿頭濃髮，你當然不會介意再失去其中的一根，因為正如剛才所指出的，失去一根頭髮決不能令人由滿頭濃髮變為禿子。基於這個道理，相信你不會在乎我從你的頭髮中再拔一根留為「進一步的紀念」，是嗎？好了，現在我們設想這種做法一直繼續下去，你知道會有什麼結果？結果很簡單：就是你將會變成禿子。問題是：從哪一個剎那開始你會從「滿頭濃髮」變成「頭毛稀疏」？換種方式問：哪一根頭髮的失去會使你從「滿頭濃髮」變為「頭毛稀疏」？這問題是沒有解答的，因為，在一根一根地拔頭髮的過程中，並沒有任何一個確定的剎那能令我們說「就是在該剎那開始你可以稱為『頭毛稀疏』了」，這等於說，並沒有任何一根特定的頭髮會使你因失去它而變成一個頭毛稀疏的人（世界上並

沒有一根那樣「具有關鍵重要性」的頭髮）。以上的論述顯示出：在「頭髮濃密」與「頭毛稀疏」（或「禿頭」）之間，沒有明確的分野。所以，「頭毛稀疏」、「頭髮濃密」等語辭的應用範圍並無截然的界線，換言之，這些語辭是含混的。

在日常語言裏，還有很多含混的語辭。以下再舉幾個例子來作具體的說明。

（B）例釋：善惡與貧富

例一：

小孩子或鄉間老太婆看戲，常會頻頻追問旁人：戲裏面的這個那個角色究竟是「好人」還是「壞人」？小孩子或老太婆之所以追問這種問題，往往是因為他們不自覺地有一個預設，認為好人和壞人各別構成一個壁壘分明的類。但這個預設是錯誤的，因為「好人」、「壞人」等詞語是含混的，根本沒有壁壘分明的類被這些詞語指謂着。一個對父母妻兒可以赴湯蹈火在所不辭、然而對別人卻心狠手辣的人，究竟算不算一個「好人」（或算不算一個「壞人」）？我們無法鐵定不移地說這樣的人是一個「好人」（也無法鐵定不移地說他是一個「壞人」）。與其白費心機地苦苦思索那人「其實」是不是一個「好人」（或「壞人」），不如去具體地考察他平日的習慣、一般的行為傾向、在特殊環境裏的特定反應、等等──那才是較實際和有效的做法。

例二：

　　每逢元旦前後，報章總會報道一些「預言家」的預言。由於這種預言通常不外是「亞洲會有動盪的形勢出現」、「美國將有異常之事發生」……那樣一類含混的說法，於是「預言家」便總有辦法去做「事後諸葛亮」。譬如說，他們總有辦法在事後（注意那是在事後）把亞洲這麼遼闊的地方之中任何他們認為合乎所指的事件叫做「動盪的形勢」；例如只要有一批學生示威，或一群工人罷工，他們就可以將這些事件解釋為「動盪的形勢」，最少把它說成是「動盪形勢的一種徵象」。至於「異常之事」，則範圍更加模糊了。比方說在美國那麼大的區域裏剛巧有一隻雞生了一隻特大的蛋，「預言家」就會振振有詞地宣稱他的預言為真。但這種籠統的「預言」，與科學上精密的預測一經對照，便顯出那是沒有多大用處的，最多只能利用它來放馬後炮一番而已。

例三：

　　假如在某次飛機失事的意外中，全機乘客只有一人生還，倘若他是一位教徒的話，其他教友會說那是一個「神蹟」。但假如全機乘客只有這位教徒喪生，其他教友恐怕就不會說那是一個「神蹟」了。究竟「神蹟」一詞的應用界線在什麼地方劃定？⑦

例四：

　　有的人以為，「資本家」、「工人」、「知識分子」……等詞語都是界限分明的，他們以為這些詞語各別指謂着一個絕對確定的類。但這種想法並不切合實際。事實上，根本沒有絕對確定

的類被那些詞語指謂着，因為那些詞語都是含混的。就以「資本家」一詞來說。當然，社會上有些人無可爭辯地可稱為「資本家」；比如一個擁有數十億財產的老闆，該沒有人會懷疑可以那樣稱呼他。然而一個在街邊擺攤賣報紙的小販，工作了大半生，幾十年下來積存了一、二十萬元，這樣的人算不算是「資本家」？正如「濃髮」一詞雖有不爭的範例而同時又有不定的疑例，「資本家」一詞亦然。由此可見，以為「資本家」、「工人」、「知識分子」……等名稱是一些「鮮明的旗幟」，可用來劃清社會上「每一個成員」的類屬，因而碰到任何人都一定要將對方歸入上述的某個類中，然後以此歸類作為個人或集體的行動之根據——這只是一種與實際脫節的、閉門造車式的幼稚想法，而種種可憐復可笑、可怕復可悲的做法則每每是那幼稚想法的自然結果。

按：雖然我們不可像上例所述的錯誤想法那樣把含混語辭的應用範圍視為有分明的界線，但必須注意的是，我們也不能由此推論說含混語辭的應用範圍沒有約略的界線。顯然地，「×沒有分明的界線」並不涵蘊「×沒有約略的界線」。

依此，下面的說法乃是一種詭辯：「富人（或資本家）與窮人之間其實沒有真正的分別。倘若某人擁有一千萬美元，他當然可以稱為『富人』了，不過在一千萬元與九百九十九萬九千九百九十九元之間，卻沒有什麼分別。我的意思是說，去掉一元，並不會使他從富有變成貧窮。用同樣的方式論證，一直下去，我們將會看見，在貧與富之間根本無法找到一條分明的界線。所以我們最後將要得到的結論就是：貧與富之間其實沒有真

正的分別。」假如我們遇到這樣的詭辯，我們可以向對方指出：
他最多只能證明貧富之間沒有截然的界線，但如果由此推論兩者
之間沒有約略的界線或「沒有真正的分別」，則那是一個錯誤的
推論。

【當有人提出上述那種詭辯、企圖抹殺貧與富（或高與矮、
冷與熱等等）之間的分別時，另有一種「實用方法」很容易就能
把他難倒。我們請他把錢都送給別人。倘若他不肯的話，我們就
請問他：「為什麼不肯呢？貧與富之間本無真正的分別嘛。」】

（C）含混的原則

含混，不一定是語言的缺憾。有的時候，由於它的彈性，含
混語辭反而適合我們使用。譬如我發覺現在這房間裏的空氣很
熱，可是不知道究竟是多少度，因此無法用「華氏 X 度」或「攝
氏 Y 度」這種形式的精密語辭來描述房間的氣溫，但那又不等於
說我對房間的溫度一無所知，於是，在這情形下，「很熱」或「溫
度甚高」之類的含混字眼就恰好用來表達我對房間氣溫的大概知
識（而這種大概的知識在平日生活中往往是很有用的）。事實上，
假如缺少了含混語辭，在許多場合裏我們將會變得啞口無言。

不過，雖有上述的效能，含混語辭卻也有它的缺點，那就是
這類語辭最易造成廢話（多餘的言語）、空話（空洞的言語）和
大話（大而無當的言語）。比方「善有善報，惡有惡報，若還不
報，時辰未到。」這個含混的句子頗有勸人為善之功，那是不應

抹殺的，可是在認知上這個句子無可否認乃是一句空話。怎樣算是善報，怎樣算是惡報，其間並無明確的分際，幾乎是喜歡怎麼解釋便可怎麼解釋。縱使某人素來行善，同時卻一生坎坷，但仍可說成是善有善報的例子，「理由」是：依照某種哲學或宗教的觀點，善就是德，德就是福，所以行善便是有福，有福便是善報。關於惡有惡報，亦可透過相似的方式來給它一種「萬無一失」的辯解。

當「善有善報，惡有惡報」這句話再加上「若還不報，時辰未到」的條件句之後，它就更加「雙重保險」了，因為，「時辰未到」一語是全無界限可言的。與「某年某月某日某個時刻還未到來」之類的精密的說法不同，「時辰未到」可容許任何的解釋。所以即使十年、二十年仍未有「報應」，我們還是能夠把它解釋成為「時辰未到」。然而一直到了臨死那天都沒有「報應」怎辦？照樣說「時辰未到」可也。那麼要到什麼時候才算時辰已到呢？有人會說：「天機不可洩漏。」

基於以上對含混語辭的功能和缺點所作的分析以及對廢話空話和大話所作的提示，現在讓我們陳構一條關於含混的一般性原則如下——

設 E 是一個含混的語辭。如果 E 被用來表達一些概略的知識（或概略的判斷、問題、指令⋯⋯），則就這點來說 E 之為含混是沒有什麼不妥的。但如果 E 只是被用來製造廢話空話或大話，則那就可以說是一種誤導思想的用語方式了。

四、着色

（Ａ）什麼是着色

　　在上一世紀，英國許多保守的紳士和淑女都不肯公開地提及或使用「長褲」一詞，因為他們認為這是一個「淫褻詞」。他們之所以有此看法，原因不難想像：那是由於穿着的長褲裏面隱藏着人們認為「不雅」的人體的某一部分。可是長褲是生活中一種重要的日用品，事實上我們總得要有一個詞語來指稱這種東西。終於，英國人發明了用「不可提及的」（the unmentionables）去代替那個他們認為不可提及的詞語：「長褲」。

　　覺得英國人滑稽而迂腐，是不是？但我們回顧一下自己的語言，其中不是同樣有些字眼被視為淫褻詞語，因而被列為一種禁忌？以「他媽的」一詞來說。「的」什麼？由於「的」字後面本應跟着的字眼被視為淫褻詞，所以這裏還是以不提為妙。由此可見，即使目前我正在討論着淫褻詞，我仍是遵守着「避免使用或提及淫褻詞」這一社會習慣的。其實，上一段當要說到人體的某一部分時，我就已經遵守着這社會習慣了，即避免使用直接指稱人體那部分的字眼，而用「人體的某一部分」幾個字來代替。

　　假如我不是如此迂迴曲折地說話，而是乾脆用一個直接指稱人體那部分的名詞去指稱該部分，這將會有什麼後果？這將會令人覺得十分厭惡。此中的關鍵，在於那直接的字眼帶有反面的情感意含（或說是「情感色彩」）⑧，而「人體的某一部分」之類

的字眼則是不帶情感意含的。

到此，我只是對具有情感意含的詞語之中的一種——淫褻詞——特別提出來討論，作為一個引介。事實上，在日常語言裏具有情感意含的詞語還有很多。例如「雜種」、「奴才」、「下賤」……等會引起厭惡之感，而「英雄」、「光榮」、「偉大」……等則會激發起崇慕之情。

具有情感意含的字眼，除了能引起聽者的情感反應之外，又能用來表露或發泄說者的喜怒愛憎的情懷。當我們說某某是一個「雜種」的時候，這兩個字既能使人對某某產生反感，同時又能表露或發泄我們自己對某某的反感。而當我們稱某人為「英雄」的時候，這種稱謂一方面會激發起別人對他產生一種敬仰讚嘆之情，另一方面又能表露或抒發我們自己對他所懷有的一種仰慕的情感。

這類帶有情感意含或情感色彩的字眼，就是所謂「着色語辭」（coloured expression）；着色語辭有時也叫做「情感語辭」。⑨

關於着色語辭有一點特別需要注意：許多着色語辭雖帶有不同的情感意含，但所描述的事態卻是相同的。下面列舉幾個帶有不同情感意含但描述相同事態的着色語辭的實例。

（B）例釋：堅定與固執

例一：

我是堅定的

你是固執的

他是愚頑的

這是羅素所舉的一個有名的例子⑩。其中的「堅定」、「固執」、「愚頑」幾個詞語，帶有不同的情感意含，不過所描述的事態卻沒有什麼不同之處。倘若某人慣於按照自己的意見行事而不受他人意見的左右，那麼，如果我們喜歡他，我們會說他是「堅定的」；如果我們不喜歡他，我們會說他是「固執的」；而假使我們十分討厭他這個人，那麼我們會說他是「愚頑的」，或說他是「人頭豬腦」。這幾個詞語固然有不同的情感意含，可是所描述的事態則相同，即：那人慣依自己的意見行事而不受他人意見的左右。

例二：

有些（我只是說「有些」）女孩子，碰到別人在公眾場合旁若無人地親熱時，會不屑地說：「肉麻當有趣！」但假如她的男朋友同樣在公眾場合跟她旁若無人地做出親熱舉動的話，她卻要宣稱自己的男朋友「夠羅曼蒂克」了。

例三：

在他人身上發生的所謂「桃色醜聞」，一旦發生在自己身上

的話，是否仍要沿用同樣的名稱？不，那不叫做「桃色醜聞」，那叫做「艷史」或「生命中一段美好的插曲」。

例四：

甲太太對乙太太說：「我的先生去尋芳的時候，碰見你的丈夫在嫖妓。」

例五：

自己兒子的所作所為是「時代青年的新潮作風」，鄰家孩子的所作所為則是「流氓舉動」。

例六：

戰情報道：「敵方未經審訊便冷血地對俘虜進行非法屠殺；我軍毋需盤問即乾脆地把擒獲的敵人就地槍決。」

（C）着色的原則

着色語辭既有重要的功用，也有不可忽略的流弊。這種語辭的功用主要在於能表露和發泄情感，有利於心理的平衡，並能引起聽者方面相應的情感，可促成聽者與說者雙方在態度上趨向齊一。不過，在這裏較值得我們注意的是着色語辭的流弊：這種語辭對認知性的活動來說是危險的，因為它很易誘發起情緒的激動，而當一個人情緒激動時，總是難以有效地進行冷靜和客觀的思考或討論的。

讓我們較詳細地探討着色語辭的這種危險性。

在數學、物理學、生物學等嚴格科學的領域裏，所用的語辭大都是中性的，即不帶情感意含的。「方程式」、「遞歸性」、「微系數」、「速率」、「電磁場」、「γ 射線」、「細胞」、「脫氧核醣核酸」⋯⋯等等都不是着色語辭。可是，當討論到社會、政治、倫理、文藝、宗教等方面的人文問題時，我們所用的語辭卻每每帶有情感的意含。譬如「階級」、「反動」、「壞蛋」、「神聖」、「叛教」⋯⋯這些語辭都是帶有情感意含的。

在今天，各門嚴格科學都有高度的理論成就以及重要的實際應用；反觀各門人文學科，卻是遠遠落後，甚至幾乎停滯不前。正當科學家藉着冷靜客觀的觀察、實驗、假設、演算等方法來處理科學問題之際，社會、政治、倫理、文藝、宗教等範圍內的人文問題卻正被人在一種「熱烈的氣氛中」無休止地爭辯着，而到了最後，這類問題常常要靠政治鬥爭、社會壓力、宗教迫害等「方法」來給以「徹底的解決」。

為什麼科學問題與人文問題之間有這樣強烈鮮明的對比呢？其中一個不可忽視的（儘管不是唯一的）原因，就是前面提過的那種差異：即科學問題的討論所用的語辭大都是中性的，而人文問題的討論卻屢屢混雜了太多着色語辭，以致濫用這種語辭。

「但人是有情感的嘛，為什麼不可以使用有情感意含的語辭？」也許有人會如此反駁前面的評論。可是這種反駁只不過像

看見「不可隨地吐痰」的告示之後提出反駁說：「人總會有痰的嘛，為什麼不可以吐？」那告示並不是說人不可以吐痰，而只是說在告示的有關範圍內不可隨地吐痰。同樣地，我並沒有說過不可「使用」着色語辭：我要說的只是：不可「濫用」這種語辭，因為那是有損於正確思考之進行的。

但怎樣算做濫用着色語辭？這問題可由下述關於着色語辭的一般性原則而得到解答——

當我們企圖說服別人接受某某論點時，如果我們根本沒有藉着客觀證據或邏輯推演來建立該論點⑪，而只是利用着色語辭的情感意含去誘使別人接受，則我們就是濫用着色語辭了。但如果我們的論點是基於客觀證據或邏輯推演來建立的，則縱使在論證的過程裏間或採用了一兩個着色語辭，那仍然不算是對這種語辭的濫用。

五、實化

（A）什麼是實化

名詞和名詞片語可共稱為「名項」。有些名項用來指謂具體的實物（或元目）。例如「孔子」、「杜甫」、「這個人」、「那棵樹」、「喜瑪拉雅山上最高的山峰」……等等名項都是用來指謂具體實物的。讓我們把用來指謂具體實物的名項叫做「具體名項」。另一方面，比如「真理」、「理性」、「國家」、「社會」、「良知」、「存有」、「愛情」、「積分法」、「波動函數」……等等名項，都不是用來指謂具體實物的。讓我們把這種名項叫做「非具體名項」。

所謂「實化」（reification），就是把非具體名項當作具體名項來使用。

我們先構想一個故事來解釋「實化」。比方，有一位太太到精神病院去探望她的丈夫丙先生，問他在裏面生活得怎樣。丙先生回答說：「嘻嘻，這裏很好。啊啊，社會是一個殘忍的魔鬼。我寧願住在這房間裏，也不要到外面去，免得碰到社會那個魔鬼。只要我從窗口望出去，格哈格哈，我就會看見社會向我張牙舞爪，露出冷酷的神情。喳！喳！」經過一段時期的治療之後，醫生判斷丙先生可以出院了。當他出院時，醫生隨口問他：「你現在不會再說社會向你張牙舞爪了吧？」丙先生回答：「我現在不會這樣說了。至今我才知道，原來社會根本不是一個魔鬼，

因為魔鬼只在晚間出現，但現在我發覺，社會在大白天也會出現的。喳！喳！」結果丙先生仍被關在精神病院裏。

丙先生對「社會」一詞的用法，就是實化的一個例子。「社會」本是一個非具體名項，但丙先生卻把它當作具體名項來使用，於是這詞語便彷彿指謂着某個具體的實物，那實物會張牙舞爪、露出冷酷的神情，或會在大白天出現。

把語言實化，這種做法並不限於某類精神病患者。正常人有時也會自覺或不自覺地把語言實化起來。以下所列舉的，是我們在正常人的言論中也一樣會碰到的實化的例子。

（B）例釋：國家與真理

例一：

當獨裁者施行不得民心的政策時，總會有不少口齒伶俐的「知識分子」為獨裁者辯護：「我們應服從國家的意志。國家叫我們做什麼，我們就該做什麼，不管我們是願意還是不願意。否則的話，我們又怎能算得是愛自己的國家呢？」

相信我們都同意，愛國是一種可敬的情操。但那並不涵蘊我們同意上述關於愛國的論調。這個論調將「國家」一詞實化了。「國家」乃是一個非具體名項，可是那論調卻把它當作具體名項來使用。於是，國家被說成是一種具體的實物，有自己的意志，

能叫人民做這件工作、叫人民做那樣事情，恰像一個具體的、有
意志的個人能叫別人替他穿襪子、或叫別人替他買杯雪糕一樣。
如此把「國家」一詞實化，有一個對人民十分不利的後果，就是
統治者可藉「國家」之名而獨斷獨行，例如制訂大部分老百姓都
不贊同的政策，強令他們做不願意做的事情。獨裁者稱此為「遵
從國家的意志」。

　　例二：

　　我們研究下列的引句：
　　「真理不斷前進，任何人也無法阻止。」（羅曼羅蘭）
　　「若能在適當的時刻理解，真理大概是和藹、寬大、可愛、
柔和的吧！」（哥德）
　　「真理如上帝，真理不直接現身，我們只能從其啟示臆測真
理。」（哥德）
　　「乾脆向真理投降，只要看見它走過來，便把武器奉上。」
（蒙田）
　　「酒是強的，國王更強，女人又更強。然而，真理最強。」
（路德）
　　「真理和美彼此含有對方，相輔相成。」（貝多芬）
　　「真理是醜惡的。」（尼采）

　　以上所引的語句都是將「真理」一詞實化的例子。不過其中
有些能轉譯成沒有將「真理」實化的語句。比如，「真理不斷前
進，任何人也無法阻止」可轉譯成「人類對事物的認識愈來愈增

進，沒有人能阻止這一趨勢」；「乾脆向真理投降，只要看見它走過來，便把武器奉上」可轉譯為「承認真的命題，只要發現某一命題是真的，便承認那是一個真命題」；至於「真理如上帝，真理不直接現身，我們只能從其啟示臆測真理」這句話，基於「同情的了解」，或可轉譯為「凡事實真句都不是必然地真的，最多僅是蓋然地真」。通過這樣的轉譯，例如「……真理不直接現身……」之類的說法就不能誘使我們在不知不覺之間誤以為「真理是『隱身』在某種像衣服或面紗的東西背後的『實體』」了。

然而另一方面，前面所引的句子之中，有些卻無法轉譯成沒有將「真理」實化的語句。「真理是醜惡的」、「真理大概是和藹、寬大、可愛、柔和的吧」、「真理和美彼此含有對方，相輔相成」等句子，怎樣轉譯成沒有將「真理」實化的語句？這些句子無法如此轉譯，因為它們的意思毫不清楚⑫。讓我們誠實地問問自己：我們有誰真的清楚了解這些句子是什麼意思？它們究竟說了些什麼？怎樣算是「真理和美彼此含有對方」？當一個人說某隻戒指是純金造的而另一個人說那是純銀造的，我們知道原則上怎樣着手去判定誰是誰非；但當一個人說真理是醜惡的而另一個人說真理是可愛柔和的，這裏的是非如何判定？

（C）實化的原則

前面對實化所作的論述，並不涵蘊在任何時刻都得避免將語言實化。事實上，實化很多時會令得語言生動、濃縮、優美。這是實化的價值。可是當我們進行認知性的活動時，實化時常會妨

礙嚴格的思考和討論。為此，讓我們陳構一條關於實化的一般性
原則如下——

　　在文藝寫作之類的場合裏，我們可以隨意將語言實化而只須
顧及修辭方面的效果；但是在思考或討論的場合裏，我們卻須考
慮：那實化的句子能否用有認知意義（即說得上客觀真假）的語
句去把它轉譯過來？以審美的標準來衡量，這樣的轉譯也許索然
無味；但就認知的目的來說，這樣的轉譯卻是必要的，至少在原
則上是如此。⑬

六、癖義

（A）什麼是癖義

一般地說，在進行語理分析的時候，我們首需考察關鍵語辭的慣常用法。

倘若某個語辭依其慣常用法而被使用，則這語辭在此時的意義可稱為它的「通義」（stock sense）。反之，倘若某個語辭違離了它的慣常用法而被使用，則這語辭在此時的意義（假如它有一意義的話）就可以叫做是它的「癖義」（idiosyncratic sense）。

如果我們隨意把癖義賦給所用的語辭（即隨意違離慣常用法而按照自己的「特殊用法」去用字），那麼別人將難以了解我們究竟說了些什麼，結果便只會製造出思想的紛亂。這一點是很明顯的。較不明顯（因而更須特別留意）的一點是：癖義常會造成「真，但多餘」的言論。

以下舉出幾個例子來說明。

（B）例釋：佛學與虛實

例一：

有的人總喜歡講些彷彿莫測高深而底子裏卻是似通非通的「哲理」。比如在邏輯和數學上甚有成就的懷黑德，在這方面也

不能「免俗」。懷黑德說：「我們在世界之內，而世界也在我們之內。」⑭依據有關字辭的通義來解釋，這句話的前半雖是真的，但其後半卻顯然為假。俯仰天地之大，環顧江山之奇，森羅萬有，當然不能說是在我們之內。問題是：如此明顯的事實，難道懷黑德沒有看見？他不是沒有看見，而是當他宣稱「世界在我們之內」的時候，他自覺或不自覺地把某種癖義賦給「在……之內」一詞。按照他所提出的癖義，「× 在我們之內」的意思只不過等於「× 是我們經驗的對象」。既然宇宙萬物都是我們經驗的對象⑮，於是世界就可以叫做「在我們之內」。所以他說：「舉例言之，我在這房間之內，而這房間則是我當前經驗內的一個項目。但我當前的經驗就是現在的我。」⑯依此，懷黑德自然又要宣稱那房間「在他之內」了！

經過以上的分析，我們恍然大悟：原來懷黑德所謂「世界在我們之內」，若照其癖義來勉強解釋，固然可以算得是真的，但卻是很多餘的，因為它其實僅是這麼一句廢話：「世界是我們經驗的對象。」【這句話毫無新穎之處，大概也沒有人會覺得它有什麼深度之可言。因此，假如你希望別人覺得你有深度，你就不能只懂得說「世界是我們經驗的對象」，而必須懂得說：「世界在我們之內」。這種玄之又玄的驚人之語，最易把人的思想弄得糊裏糊塗，但世上許多人都有一種莫名其妙的傾向：硬是覺得玄虛的言語才「有深度」。一旦發現了像「世界在我們之內」這一類的話頭，他們即會如獲至寶地「鑽研」下去，於是，你最終便會成為「一代大師」了。】

例二：

　　佛家所說的「一在一切中，一切在一中」⑰，與前述懷黑德的名句實有異曲同工之妙。口頭上信奉這句話的人，在行為上總是顯露出：他們其實沒有真正信奉這句話。比方說，假使他們發現自己的太太或女朋友在別人的懷裏，他們大概亦不能免於「佛都有火」吧？但為什麼要火光起來呢？既然「一在一切中，一切在一中」，那麼別人的懷抱也必定在自己的懷中，而在別人懷裏的愛人也就等於在自己的懷中嘛。

　　為了回答以上的非難，有的人會這樣反駁：「你的非難假定了佛家是依照語言的慣常用法來用字的，然而佛家並沒有依照慣常用法來使用『一在一切中，一切在一中』這句話的字眼，反之，佛家哲學根本已從語言解脫了出來。」

　　但所謂「從語言解脫了出來」，只不過是語焉不詳的一種說法——

　　（1）如果那是指拒絕說話、保持緘默，則又如何解釋出現了多如恆河沙數的佛家經典及其論辯？最低限度，若要拒絕說話，那就應該連「一在一切中，一切在一中」之類的話頭也不要講。假如說那只是「用語言破語言」的一種手段，則有兩個難題不知論者將要怎樣作答：第一、例如「用邏輯去破某個論證」的意思是指通過邏輯去揭穿該論證不能成立；「用大炮去破某個城堡」是指藉着大炮把那城堡攻陷下來……可是所謂「用語言破語

言」，卻是什麼意思？第二、就算這句話有一清楚的意思，但語言何以要「破」？用來「破語言」的那個語言本身，又用什麼來「破」？怎麼個破法？

（2）如果「從語言解脫了出來」的意思不外是指違反慣常用法去用字，則為什麼不乾脆直接地說「違反慣常用法去用字」，而要故作神秘、故弄玄虛地說「從語言解脫了出來」？撇開這點不談，更嚴重的一個問題是：倘若「一在一切中，一切在一中」這句話違反了語言的慣常用法而須在某種僻義之下去理解它，則要怎樣解釋它才能避免產生如例一所示的那種流弊，即造成思想的糊塗以及真但多餘的廢話？

（依據筆者粗淺的了解，佛家哲學乃是世界上幾種最有人生智慧的思想之一，但在其漫長的發展過程裏，卻也夾雜了大量似是而非的詭辯。這類詭辯的根源，每每在於違反慣常用法來用字。）

例三：

做夢的時候，我們不會知道自己在做夢，因為當我們發覺自己做夢時，我們已經算是全醒或是半醒過來了。在夢中，我們會（比如）開心地吃冰淇淋，或被人追趕而緊張逃命。那時我們都不知道自己僅是在做夢，否則便不會覺得開心、或覺得緊張了。好了，既然夢中的人都不自知在夢中，那麼我們怎能確定現在自己不是在做夢？也許我們都在一個大夢裏，也許整個人生就是一場大夢。如果實情是這樣，則我們所見的宇宙不過是一個幻象而已，即是說一向以為是實在的東西，原來都是虛幻的。

　　剛才的議論，是哲學上關於「實在與虛幻」的一種說法。這種說法聽起來像是言之成理的。但假如它成立的話，我們的處境看來非常可怕。問題是：這一說法能否成立？讓我們首先考察「實在」和「虛幻」兩個詞語。

　　「實在」和「虛幻」是兩個互相對立的詞語，其效用在於把我們的經驗或世間的事物作某種區分。比方說，我們把 A 範圍內的經驗或事物稱為「實在的」，而將 B 範圍內的經驗或事物稱為「虛幻的」，如下圖：

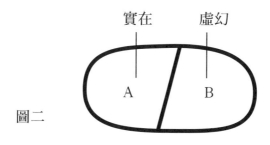

圖二

按照這個劃分，「某物 X 是實在的」這句話告訴我們：X 是 A 範圍內的一項東西；另一方面，「某物 Y 是虛幻的」這個語句則告訴我們：Y 是 B 範圍內的一項事物。但現在假如有人宣稱：「一切東西（包括我們稱為『實在』的東西）都是虛幻的」，那麼他究竟說了些什麼？

　　他什麼也沒有說——我的意思是指他那句話沒有告訴我們任何事物的狀況。他只是將我們本來叫做「實在」的東西也叫做「虛幻」。換言之，他只是暗中（通常是不自覺地）改變了「實在」與「虛幻」兩個詞語的慣常用法。在他的特殊用法之下，「實在」

一詞的適用範圍縮小了，縮小到不能指稱任何東西；而「虛幻」
一詞的適用範圍則擴張了，擴張到可以指稱任何東西。這種情
形，有如下圖所示：

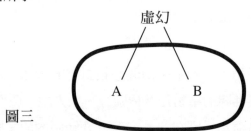

圖三

從上圖可見，本來區分 A 與 B 的界線被取消了，本來稱為「實在」
的東西現在都稱為「虛幻」了。然而那樣做的結果，往往只會混
淆我們的概念或思想。此外還有更嚴重的一個毛病。原初，如前
所述，「X是一實在的東西」這句話告訴我們：X是A類的一分子，
而「Y是一虛幻的東西」這句話則告訴我們：Y是B類的一分子。
但現在倘若改變了「虛幻」一詞的用法，用它來指謂任何可能的
事物，那麼，當有人說「X是一虛幻之物」時，我們再不能由這
句話得知任何有關 X 的狀況，再不能由此得知 X 究竟是屬於 A
類還是屬於 B 類。把「虛幻」一詞的應用範圍如此擴張之後，「一
切都是虛幻」這句話雖是真的，但很可惜，那不過是一句「真得
多餘」的廢話吧了。⑱

（C）癖義的原則

綜上所述，癖義很多時會引致思想的紛亂以及造成「真，但
多餘」的言論。然而對於語言的表達效力來說，癖義卻也扮演着

一個頗為重要的角色。當通義不夠表達某種思想或經驗的時候，我們就有需要以癖義去補充通義之不足（假如有那樣一個癖義的話），而在某一癖義能被大家了解和接受以後，那癖義（這時已開始演變為通義）便將或多或少地增強了語言的表達效力。

下面試陳構一條關於癖義的一般性原則，當有助於我們去決定「何時可用癖義？如何提出癖義？」之類的問題——

如果依照語言的慣常用法已能表達意思，那就不可違反慣常用法而去硬造癖義；而在慣常用法不能表達意思故有理由給某某語辭賦以癖義的時候，我們須得聲明這時我們是以特殊用法來使用那語辭的，並且更重要的是：我們須得藉着定義或例釋⋯⋯等手段去說明那特殊的用法，也就是說，須得對該特殊用法所決定的癖義提出清楚的闡釋。

【有許多觀念上的糾纏是因為抵觸了上述原則而產生出來的。倘若沒有需要但卻濫造癖義，或縱使有需要但卻沒有作出聲明，或縱使有作出聲明但卻沒有對那癖義加以清楚的闡釋，倘若如此，則所說的話語往往便會使人覺得費解，或甚至根本不可理解。而這種情形在抽象的討論（例如哲學的討論）之中是十分普遍的。在此，讓我們借用羅素的一句話來結束本篇的論述：「為了不讓別人看出他們的言論原來站不住腳，不少哲學家遂小心翼翼地務求令得自己的言論不可理解。」⑲】

註

① 思考大都是通過自然語言而非特構語言來進行的。本篇（乃至本書）所涉及的主要是自然語言，因此所作的陳述有時是約略的，不能（亦不必）預期有像符號邏輯那種極端精密的建構。但一般來說，這並無礙於此等約略陳述之為有用（參考以下第三節）。事實上，本書大體是以實效的宗旨來決定行文之分際的。另按：關於下面各分目 B 的標題，必須注意不可望「題」生義；其實那都是在稿成之後為了方便檢索才加上去的。

② 這個定義或多或少是含混的，但不失為具有實效的價值（見後面有關「含混」的討論）。我用較生僻的「闕」字而不用較常見的「缺」字，是由於後者比較容易使人望文生義，譬如從「缺」想到「沒有」再想到「沒有意義」──但本書所說的闕義並不等於沒有意義。至於「闕」這個字，因為較生僻，我們反而會根據定義去理解它的意思。按：用符號邏輯的專門術語可以給「闕義」加以嚴格的界定。提示：當量符被略去了或者 n－端謂辭被說成（n-j）－端謂辭的時候（$n \geq 2$，$j \geq 1$），就會有闕義的情況產生。

③ 以下對「歧義」、「含混」……等所構作的原則亦然。

④ 「意思」和「意義」在本書通常作為同義語來使用。

⑤ 「歧義」一詞是（依據剛才的定義）歧義的，即是說，它有多過一個的意思。本書所取的是這詞語所具有的幾個意思之中較通行的一個（見 J. Hospers: *An Introduction to Philosophical Analysis*, 2nd, ed., Prentice-Hall, 1967, p.14）。這個通行的意思（或其定義）並不是最妥善的，因為在這個意義下，大部分字詞都可以說是歧義的。（不過，在本節分目 C 之中，我將會提出一個原則來分辨可接受的與不可接受的歧義情況。）按：「歧義」的另一個意思可以這樣界定──當且僅當一個語辭 E 在脈絡 S 裏容許多過一個解釋時，

E 在 S 之中就（才）是歧義的。

⑥ 「有截然明確的界線」和「沒有截然明確的界線」兩者之間並沒有截然明確的界線。依此，「含混」一詞本身亦是含混的。（後面將討論到的「着色」、「癖義」等等也是如此，今一併註明，不再一一贅述。）然而前面已多次提示過：那不等於說這詞語沒有用，因為，如下所述，「沒有分明的界線」並不涵蘊「沒有約略的界線」。

⑦ 關於「神蹟」的進一步討論，可參考 Hospers: op. cit., pp. 450-455.

⑧ 一個語辭之是否有情感意含以及有什麼樣的情感意含，那不是一成不變的，主要視乎當時一般的語言使用者的態度而定。這問題不在本文的原定範圍內。有關情感意含（與／或情感色彩）的一些細節，可參考：C. L. Stevenson: *Ethics & Language* (New Haven, 1944), Ch.2.

⑨ 由註⑧可得這樣的推論：某某語辭是否可稱為「情感語辭」，主要取決於當時一般的語言使用者的態度。

⑩ 見 W. W. Fearnside & W. B. Holther: *Fallacy* (Prentice-Hall, 1959), p. 78.

⑪ 這裏所說的「建立」，可能是演繹的亦可能是歸納的「建立」。至於有沒有其他型態的論證（比方說某種特殊型態的倫理學論證）可用來建立論點，本文不必對此問題作一論斷。

⑫ 假若有人宣稱這些句子有一清楚的意思，那麼我們可請他先把那意思說清楚然後再考慮轉譯的問題。

⑬ 如果認為以上所提的「可譯性規準」太過苛求的話，我們可將標準稍為降低，僅僅要求「局部可譯性」。與此問題有關的重要研究，有 C. G. Hempel: *Fundamentals of Concept Formation in Empirical Science* (U. of Chicago Press, 1952), Pt. II; R. Carnap: "The Methodological Character of Theoretical Concepts", in H. Feigl & M. Scriven (eds.): *Minnesota Studies in the Philosophy of Science*, Vol.1 (U of Minn., 1956).

⑭　A. N. Whitehead: "Nature Alive", cit. f. M. White (ed.): *The Age of Analysis* (Mentor, 1955), p. 97.

⑮　枱、椅、山、河等若稱為「直接的經驗對象」（用實在論的語言來說），則原子、星雲等可稱為「間接的經驗對象」。

⑯　Whitehead, loc. cit., p.95.

⑰　這句話被奉為華嚴宗的最高原理。見高楠順次郎所著《佛教哲學要義》（藍吉富譯，正文書局，一九七三），第八章。

⑱　本例的目的，在於說明僻義之可能的流弊，而並不涵蘊語言分析的進路或方法一定得採納本例所用的論證方式〔即範例論證（paradigm-case argument，簡稱「P. C. A.」）以及對比理論（contrast theory）〕。再者，由於目的只在例釋，故在某些細節方面亦有所省略。

⑲　這裏僅略取羅素的大意而不是照字徵引。羅素本來要批評的是那些使用曖昧費解的言辭而裝作已把休謨駁倒了（但其實根本沒有把對方駁倒）的哲學家。見 B. Russell: *The Scientific Outlook* (2nd ed., G. Allen & Unwin, 1949), p. 78.

第 III 篇

兩個基要的
方法學區分

引言：邏輯經驗論

邏輯經驗論（Logical Empiricism，早期稱為「邏輯實徵論」Logical Positivism），乃是西方哲學中最尖銳、最強悍的一個學派①。這個學派的成員，以卡納普、施里克、艾耶、萊興巴赫等人為主要代表②。就邏緝經驗論者的活動看來，他們是有意發起一個學術運動來宣揚其哲學思想的。他們提出宣言（「維也納學團之科學的世界概念」），並創辦自己的機關期刊（《知識》）；同時又聯合路向相近的學者，發表了一系列與邏輯經驗論有關的哲學叢書（例如《科學統合的基礎》叢書）；此外還組織了一連串國際哲學會議（例如「科學統合的國際會議」），使他們的看法產生了世界性的學術反響。簡單地形容：邏輯經驗論在現代西方哲學界的出現，可說是「極一時之盛」的。

這個極一時之盛的學派，其理論核心在什麼地方？我們可以從邏輯經驗論所提出的或特別強調的兩個「方法學區分」③去把握這種哲學的要旨。那兩個方法學區分就是：

（一）分析語句與綜合語句之分（以下簡稱為「析合區分」）；
（二）有認知意義與無認知意義之分（簡稱為「意義區分」）。

當我們思考或討論的時候，析合區分和意義區分都是極為重要、極有效用的思想利器。在當前的分析哲學、自然科學、和社會科學的領域裏，許許多多學者的思想底子都受到了這兩個方法

學區分之深而且鉅的影響④。

　　自邏輯經驗論面世以來，對這派哲學一直有種種不知所謂的外行批評以及「由於無知所以抗拒」的幼稚心理。碰到諸如此類不相干的舉動，我們固然可以採取一種「置之不理」的態度。但另一方面，邏輯經驗論者給上述兩項方法學區分所作的引介和實際的應用，有些地方的確過於粗糙，至少可以說是不夠條理分明，以致間或會引起誤解。本篇的目的，就是要從實效的宗旨着眼，對析合區分和意義區分進行一番剖析、補充、評定、特別是系統化的工作。

一、析合區分

（Ａ）分析語句和綜合語句

我們考察底下兩個句子——

P：王老五都是未婚漢，
Q：香港有所中文大學。

倘若要你指出上列語句的真假，你怎樣着手？拿第一個語句
P 來說，要確定 P 之為真或為假，我們只要知道這個句子的意
思就夠了，而毋需進行經驗事實的考察。詳細點說：要知道是否
「王老五都是未婚漢」，我們只需知道「王老五」、「未婚漢」
等詞語的意思就已經足夠，而不用去實際調查所有的王老五，看
看他們是不是未婚的漢子——我們不需要這樣做（這樣做是多餘
的），因為，無論任何人，如果他不是未婚漢的話，我們根本就
不會把他叫做「王老五」。依此，有關 P 之真假的問題，可視為
一種語言問題，而不是語言以外的事實問題。

至於語句 Q，它的性質與 P 的性質之間有重大的差別。要確
定 Q 之為真或為假，首先我們當然須得知道這個句子的意思，但
這還是不夠，因為除了必須知道這個句子的意思（即知道它說了
些什麼）之外，我們顯然還需要藉着經驗的考察才能斷定它是一
個真的抑或是一個假的語句。換言之，要能證實或否證「香港有
所中文大學」這句話，經驗的考察是一個必要的條件。因此，有

關 Q 之真假的問題，我們不稱它為「語言問題」，而稱它為語言以外的「事實問題」。

　　像語句 P 之類的句子，讓我們把它叫做「分析語句」（analytic sentence）。分析語句就是「其意義（其用法）足以決定其真假」的語句。由此引申，我們可以說：任何一個語句 S，如果（並且僅當）原則上我們僅僅藉着語言分析就能斷定 S 為真或斷定 S 為假，那麼 S 是一個分析語句。

　　像語句 Q 之類的句子，讓我們把它叫做「綜合語句」（synthetic sentence）。綜合語句就是「不是分析語句」的語句。由此引申，我們可以這樣說：任何一個語句 S，如果（並且僅當）我們無法僅靠語言分析來斷定 S 為真或為假，那麼 S 是一個綜合語句。⑤

　　分析語句之中，有分析地真的語句，即「原則上我們只通過語言分析就可以斷定它為真」的語句。其他的分析語句則為分析地假的語句，即「原則上我們僅透過語言分析就能夠斷定它為假」的語句。讓我們將分析地真的語句稱為「恆真句」；將分析地假的語句稱為「矛盾句」。語句 P 就是一個恆真句。此外如「倘若王先生是青年人，則他（在同一時間）不是老年人」、「外面下雨或沒有下雨」等等句子都是恆真句的個例。至於矛盾句的例子，我們有：「某些王老五不是未婚漢」、「王先生是一個青年人，並且他（在同一時間）是一個老年人」、「外面下雨而又（在同一時空）沒有下雨」。⑥

　　同樣地，在綜合語句之中，有些是綜合地真的語句，有些是綜合地假的語句。前者是那些「不能僅靠語言分析來確定其真假，但原則上我們可以藉着考察有關的事物（比如該語句所談及的事物）從而印證它為真」的句子。後者則是那些「不能僅靠語言分析來確定其真假，但原則上我們可以藉着考察有關的事物從而印證它為假」的句子。綜合地真的語句可簡稱為「綜合真句」；綜合地假的語句可簡稱為「綜合假句」。語句 Q 就是一個綜合真句的例子。此外如「地球上有生物」、「光的入射角等於反射角」等等都是綜合真句。至於綜合假句，以下是一些個例：「地球是正方形的」、「凡物熱縮冷脹」、「李天命身高一萬尺」。⑦

（B）析合區分的三個要點

　　到此，我已經說明了分析語句和綜合語句的基本分別。現在我們進一步討論這兩類語句的三點非常重要的對立性質——

　　（一）分析語句是**先驗**的；綜合語句是**後驗**的。

　　所謂「分析語句是先驗的」，意思是說：要確定這種語句的真假，原則上我們只要了解它的意義就夠，而毋需對世界的實際狀況進行經驗的考察。依據「分析語句」的定義，我們可以推斷，如果 S 是一個分析語句，那麼 S 是先驗的。就拿「外面有人經過或沒有人經過」這一分析語句來說，你需要藉着經驗的考察（譬如走到屋外看看有沒有人經過）從而斷定它的真假嗎？你顯然不需要這樣做。只要知道「有」、「沒有」、「或」等等字眼的用法，

原則上你就能夠確定那是一個恆真句。

　　所謂「綜合語句是後驗的」，意思是說：要確定綜合語句之真假，我們必須對世界的實際狀況進行經驗的考察，而不能僅僅藉着語言分析來決定。解釋過「綜合語句是後驗的」這句話的意思之後，跟着的問題是：這句話能否成立？邏輯經驗論對此問題的答案是肯定的，因為：(a) 按照「綜合語句」的定義，這種句子的真假不能僅靠分析它們的意義來決定；(b) 既然如此，我們根據什麼來決定這種句子的真假？我們只有根據世界的實際情況來決定；(c) 但若要知悉世界的實際情況，我們只有通過經驗的考察。基於以上的理由，邏輯經驗論者肯定：綜合語句乃是後驗的。

　　（二）分析語句是**必然**的；綜合語句是**適然**的。

　　所謂「分析語句是必然的」，意思是說：一個分析語句，如果是真的，則是必然地真的；如果是假的，則是必然地假的。我們把「必然地真」界定為「在任何可能的情況下皆為真」；我們把「必然地假」界定為「在任何可能的情況下皆為假」⑧。關於分析語句之有必然性，可以例釋如下。比如「王老五都是未婚漢」這一恆真句，就是必然地真的，即在任何可能的情況下都是真的，因為，正如前面已經解釋過，任何人只要不是未婚漢，那麼，依據「王老五」一詞的意義（用法），他根本就不能叫做「王老五」⑨。又例如「昨天下雨或沒有下雨」這一恆真句，也是在任何可能的情況下皆為真，因為：假設昨天有下雨，在此情況下那語句是真的；再假設昨天沒有下雨，在此情況下那語句仍然是

真的。我們可以通過類似的方式去理解為什麼矛盾句是必然地假的，即為什麼這種句子在任何可能的情況下皆為假。

現在我們看看綜合語句。所謂「綜合語句是適然的」，意思是說：一個綜合語句，如果它是真的，則它只是事實上真，而不是必然地真；如果它是假的，則它只是事實上假，而不是必然地假。在此，我們須得分清「事實上真」和「必然地真」（或「事實上假」和「必然地假」）的不同。例如「李天命有兩隻手」這一綜合語句，是一個事實上真的句子，因為事實上我有兩隻手；但這個句子不是必然地真的，因為我是可能沒有兩隻手的，比方說，我只有一隻手——那樣的情況是可能的。又例如，「光的入射角等於反射角」，這個綜合語句事實上是真的，但不是必然地真——就是由於其為假是可能的，所以科學家才有需要去做觀察和實驗，企圖確定這句話在事實上是真的還是假的。我們可以用類似的方式來說明綜合假句為什麼只是在事實上假而不是必然地假。

（三）分析語句是沒有**實質內容**的；只有綜合語句有實質內容。

「分析語句沒有實質內容」這句話的意思是說：我們無法從分析語句所作的陳述獲知任何事實的情況。其所以如此，是因為分析地真的語句容納了一切可能的情況，而分析地假的語句則排斥了一切可能的情況。例如「昨天下雨或沒有下雨」這一恆真句，無論昨天下雨也好，沒有下雨也好，它都是真的，所以沒有任何

可能的情況會令得它為假，換言之，它容納了一切可能的情況。但正是由於這句話容納了一切可能的情況，所以它並沒有斷定任何一個特定的情況，因此它雖然是一個真的句子，我們卻無法從它獲知昨天是有下雨呢還是沒有下雨。至於矛盾句，例如「昨天下雨並且（在同一時空）沒有下雨」，十分容易看出，這個句子排斥了一切可能的情況，因此我們也無法從它獲知昨天有下雨還是沒有下雨。

既然分析語句沒有實質內容，那麼，一個句子如有實質內容的話，它就一定是綜合語句，因為依據「綜合語句」的定義，一個句子如果不是分析的，它就是綜合的。比如「昨天下雨」這個句子，就是有實質內容的綜合語句。這個語句所容納的情況是：昨天有下雨；而它所排斥的情況則是：昨天沒有下雨。由於這個句子容納了某些情況同時又排斥了其他某些情況，所以它就能夠對事實世界作出特定的陳述。

二、析合區分的應用

分析語句與綜合語句之間的方法學區分，是一種有基本重要性並有廣大應用範圍的思考利器。以下是運用這思考利器的幾個實例。

（A）論「人與理性」

人是什麼？這個問題，是知識分子喜歡討論的題目之一。亞里士多德說：人是理性的動物。假設你依從亞里士多德的說法，認為「人皆有理性」。那麼，我有一個問題問你：你有什麼根據這樣說？你曾經觀察、調查、研究過各式各樣的人，然後得到「人皆有理性」的結論嗎？相信你沒有做過這種工作吧？相信你沒有研究過（比方說）猶太人、或紅印第安人、或愛斯基摩人是否有理性，是嗎？也許當你宣稱「人皆有理性」的時候，你的根據只是對你自己以及你所認識的人所作的觀察（或甚至是想像）而已。倘若如此，你有什麼充分的證據去支持「人皆有理性」的說法？

以上的詰詢，也許會使你覺得被我「難倒了」，覺得確實沒有充分的證據來支持自己的論斷。但也許你對我的詰詢不以為然；也許你會這樣反駁：「我根本毋需觀察各色人等從而建立『人皆有理性』的說法。我固然不必觀察猶太人、紅印第安人、愛斯基摩人等的行為，我甚至也不必觀察自己或自己所認識的一些人

的行為。我根本不需要那樣做,因為我所說的理性,是人類先天的本質,所以『人皆有理性』這個命題根本不需要後天的證據來支撐。倘若你提出某些你以為有關的反例,即是說,倘若你企圖指出有某某人並無理性,那麼你所稱的反例最多只能顯示出:此所謂『人』不能算是一個真正的人吧了。我去不去觀察(比如)愛斯基摩人,那和我的論斷有什麼相干?顯然一點相干都沒有。縱使我去觀察並發現了一個你稱之為『人』的動物缺少了理性,這不過等於表明了他不能算是一個真正的人而已,於『人皆有理性』的說法卻有何損?」

上述的反駁能否成立?我不會說那樣的反駁「成立」或「不成立」。我只要指出,這種反駁算是怎樣的一種反駁。從你的反駁可知:當你說「人皆有理性」時,你所提出的命題雖看似一個綜合語句,但在你自己的辯解之下卻被解釋成為一個分析語句。如果有某個人(根據我們對「人」字的慣常用法)被發現為沒有理性的動物,你就會拒絕稱他為「人」。換言之,依照你自己給「人」字所規定的用法,任何缺乏理性的都不可以用「人」字來指稱。可是這麼一來,你不過是給「人」字另立一個由你自己所約定的定義,然後依據那定義而宣稱「人皆有理性」。於是,「人皆有理性」這句話,在你的用法下,就變成了一個分析語句。但從上一節的討論,我們知道,分析語句的基本性質之一是:這種語句並無實質內容。因此你的說法也沒有實質內容。我的結論是:按照你對有關字眼的用法,當你說「人皆有理性」的時候,你所說的話是真的——但卻是空洞無物的。

【如果上面的論辨仍未能使你對問題的關鍵所在「恍然大悟」，那麼我提議你設想以下的情形。假定我說：「所有女人都是已婚的。」你同意不同意？相信你不會同意吧？你會指出：有些女人是未婚的。但假如我反駁：「哦，未婚的少女和沒有結婚的老處女都不能算是真正的女人呀！」你怎樣破斥我這種狡猾的辯護？告訴你，你可以採取我在前面剖析「人皆有理性」的方法，用那方法去剖析「處女不是真正的女人」之類的狡辯。】

（B）論「歷史與必然」

有些人說：「歷史的發展是必然的。」

這句話的意思十分含糊。在上一節，我們曾對「必然」一詞的用法加以明確的標定，顯示出它是一個用來描述語句的詞語：如果一個語句在一切可能的情況下皆為真（或為假），它就叫做是「必然地真的」（或「必然地假的」）。但怎樣算做「歷史的發展是必然的」？

倘若你回答：「所謂歷史的發展是必然的，意思是說：『歷史會如此如此發展』這個語句是必然地真的。」倘若你這樣回答，那麼我問你：你怎知道「歷史會如此如此發展」（讓我們稱此語句為「H」⑩）是必然地真的？你怎知道沒有任何可能的情況會令得 H 為假？你所擁有的證據（假如你擁有證據的話），最多只是過往歷史的記載或其他經驗科學的有關知識，而你頂多只能基於這些資料對整個歷史發展作一普遍的斷言。但這種斷言並

不及精密科學（如物理學）所作的斷言那樣可靠。就算你的歷史斷言 H 和物理學的斷言有同等程度的可信性吧，你仍然不能由此推論說 H 是必然地真的，因為物理學的斷言都不能說是必然地真的。（前面已經解釋過，假使物理學的斷言是必然地真的語句，物理學家就用不着去觀察和實驗以求證他們的斷言是否在事實上為真了！）

縱使撇開這一切不談，縱使你的歷史斷言 H 是必然地真的——縱使如此，還有一個更嚴重的問題你必須考慮。那個問題是：倘若 H 是必然地真的，即如果 H 在所有可能的情況下皆為真，那麼它是空洞無物的，因為容納了一切可能情況的句子並沒有對任何特定的情況有所陳述。總括言之，H 如果是必然地真的，它就沒有實質內容。當你提出 H 這個關於歷史發展的論斷時，難道你的目的只是要說一句必然地真、但沒有實質內容的語句嗎？

討論到此，可能有的人會覺得不耐煩。假如你也覺得不耐煩而抗議說：「你們這些所謂思想精密的分析家，都喜好用一些結構繁複的論證，把我的頭腦都攪昏了。我是一個爽快的人，我喜歡乾脆、直接、簡單。如果『歷史的發展是必然的』這句話真有你所指出的毛病，我就說『歷史的潮流不可抵擋』好了。那就是我原本要說的意思，而這個意思夠清楚了吧？」

抱歉得很，我可能會再次令你煩惱，甚至令你「發火」，但我還是要指出：「歷史的潮流不可抵擋」（稱此語句為「K」）仍然有問題。「不可」一詞，在語句 K 之中至少可有兩個不同的

意思。其中一個意思是「不應該」；另一個意思是「不能夠」（即在能力上做不到）。依此，語句 K 至少可有兩個解釋：(a) 我們不應該抵抗歷史的潮流；(b) 我們在能力上做不到抵抗歷史的潮流。在 (a) 的解釋下，K 是一個道德判斷。但當你宣稱「歷史的潮流不可抵擋」的時候，你的目的並不是要作出一個道德判斷吧？至於 (b) 的解釋，在這個解釋之下，K 固然不是一個道德判斷，可是你有什麼證據支持它？你有什麼證據顯示沒有人有能力可做到抵抗歷史的潮流？在歷史上，不是有過那樣的例子：即某個歷史潮流被一群人所抗拒而結果該潮流消失無蹤嗎？

　　如果你回答說：「能夠被人抗拒的潮流，不能算是一個歷史的潮流。」那麼，依照你的用語，「歷史潮流不可抵擋」這句話是真的，然而只是分析地真，因為它之為真，僅是由於你對「歷史潮流」一詞的用法使然，即由於你自己決定不用這個詞語來指稱任何可被抵抗的潮流所使然。可惜那樣一來，你所作的斷言——K——雖是必然地真，但卻沒有實質內容，因為在你的用法之下，K 是一個分析語句，而分析語句是沒有實質內容的。

（C）邏輯的性能

　　分析語句沒有實質內容，可是我們不能由此推論說「分析語句都沒有用」；當然，我們也不能推論說「分析語句都有用」。究竟有沒有用，這要看是哪一個分析語句而定，尤其要看是在什麼環境和上下文中那分析語句被述說出來而定。前面所舉出的兩個無用的分析語句之例子，可能會使人產生一個印象：以為所有

分析語句在任何場合都沒有用。但這是一個錯誤的看法。現在我要討論在什麼情形下分析語句有其重要的功能。

讓我們把邏輯裏對確的語式（valid formulas）之代換個例叫做「邏輯真句」。例如下面的句子，就是一個邏輯真句：

M：如果沒有人能夠活一萬歲，而所有獨裁者都是人，那麼（感謝上帝）沒有獨裁者能夠活一萬歲。⑪

語句 M 是一個分析地真的句子。只要了解它的意思，原則上我們就能知道它是一個真的語句。其他邏輯真句也有相同的性質。換言之，一切邏輯真句都是分析地真的。其所以如此，是因為任何邏輯真句之為真，都僅僅是由於某些特定的語文符號（例如「如果……那麼……」、「非」、「並且」、「所有」、「有些」、「沒有」等等所謂邏輯字詞）的用法使之為真。

我們已經知道，分析語句是先驗的、必然的，同時是沒有實質內容的。既然邏輯真句都是分析語句，所以它們也都具有先驗性和必然性，當然亦不能免於「內容空」的特性。我們的問題是：邏輯真句既沒有實質內容，這種句子是否因此便沒有用處？

答案是否定的。就以 M 這一邏輯真句來說。M 具有「如果……那麼……」的形式。具有這種形式的語句一般稱為「條件句」。在一個條件句中，跟着「如果」的部分稱為該條件句的「前項」，跟着「那麼」的部分稱為該條件句的「後項」。M 的前項

是「沒有人能夠活一萬歲，而所有獨裁者都是人」。M 的後項是
「沒有獨裁者能夠活一萬歲」。非常容易看出，M 的前項涵蘊着
M 的後項。由於 M 的前項與它的後項之間有着涵蘊的關係，因
此 M 的後項沒有增加任何超出於其前項的內容。但雖然如此，M
的後項卻可以將本已包含在前項之中但沒有明顯地披露出來的內
容明顯地披露出來。邏輯真句 M 的這種性質，是共通於其他一
切邏輯真句的。我的意思是說，任何邏輯真句若被化約為具有條
件句的形式，其後項都能把隱含在其前項之中的內容明顯地展示
出來。⑫

　　上述邏輯真句的特性，可以通過另一種方式來加以闡明。原
則上每一個條件句都有一個與之對應的論證。構作那論證的方法
是：把條件句的前項作為論證的前提，把條件句的後項作為論證
的結論。設 S1 是任一個條件句，S2 是與 S1 相對應的論證。那麼
我們可以這樣界定「對確的論證」──S2 是一個（邏輯地）對確
的論證，如果且僅當 S1 是邏輯真句。現在我們察看對應於邏輯
真句 M 的論證：

（N）

沒有人能夠活一萬歲，

而所有獨裁者都是人，

∴沒有獨裁者能夠活一萬歲。（阿門）

論證 N 是邏輯地對確的。N 的前提和結論之間的關係，與 M 的
前項和後項之間的關係相同。也就是說：N 的結論沒有增加任何

超出於其前提的內容，但卻能夠將已經包含在前提之中而沒有明顯地披露出來的內容明顯地披露出來。

「雖不能增加新的內容，但能把既有的隱含的內容明顯地披露出來」，這正是邏輯論證的一個最基本而重要的性能所在。當然，為了在闡釋時簡明起見，我所舉的例子只是一個簡單易明的例子。事實上我們都能一眼看出 N 的結論（或 M 的後項）所含的內容已經包括在 N 的前提（M 的前項）之中。但此外還有很多巧妙的論證具有極為繁複的結構，我們無法一眼看出其前提是否涵蘊着其結論。這時我們便有需要運用邏輯所提供的方法去檢定前提是否涵蘊着結論，或說是檢定那結論的內容是否本來已隱含在那前提之中。

總括起來，我們可以這樣說：藉着析合區分，我們掌握了邏輯的一個基本的特性，那就是：邏輯真句沒有實質內容，因為，分析語句並無實質內容，而邏輯真句是分析語句的一種。不過，我們不能由此推論說邏輯是沒有用的。從上面的討論可知，邏輯真句或邏輯地對確的論證實有其非常重要的功用，即是把既有的隱含的內容明顯地披露出來。

三、意義區分

論述過「析合區分」的定義、性質、及其應用之後，現在我們開始探討另一種極其重要、極有效用的思想利器：「意義區分」。

（A）真假條件與認知意義

有這麼一個故事——

X君，Y省人氏，性好哲學，苦心鑽研。一日忽神態大異，狀似走火入魔，逢人即說有一魔鬼躲在屋隅向他獰笑。家人不勝其擾，送到醫院診治。

醫生：「你說有一魔鬼在屋隅向你獰笑，為什麼別人都沒有看見？」

X君：「因魔鬼非目所能見之故。」

醫生：「既非目所能見，你又怎知他存在且向你獰笑？你曾摸到他嗎？曾聽過他的聲音，或嗅過他的氣味嗎？」

X君：「非也。此魔無形無質，無聲無味，非吾人經驗所能察知者也。他只是自存自在，躲在屋隅向我獰笑耳。」

談話到此為止。以下是醫生的診斷及建議：

診斷：X君患嚴重精神病。

建議：速送精神病院治療。

從醫學的角度看，我們說 X 君患精神病。從邏輯經驗論的角

度看，我們說 X 君所提的「無形無質、無聲無味、非經驗所能察知的魔鬼在獰笑」這種句子是「沒有認知意義的」（cognitively meaningless）。邏輯經驗論最顯著的一個特色，便是一針見血地點出：歷來有許許多多「思想」或言論在認知上並不優於 X 君那種毫無意義的說法。柏拉圖主義者所宣稱的「現實世界是理型世界的影像」，就是一個例子。諸如此類的學說常披上看似嚴肅高深的言辭外衣，令人不敢懷疑，不少人甚至從來不曾有過懷疑的念頭，但語理分析可以顯示出，這類東西其實不外是一堆堆沒有認知意義的句子吧了。

究竟什麼是「認知意義」呢？

首先，讓我們用一些實例來引介這個概念。比如「香港中文大學有學生五千名」（稱此語句為「P」），就是有認知意義的。我們知道怎樣算是中文大學的學生──一方面根據中大校方的規定及其檔案紀錄，另一方面根據一個人所持有的身分證明書、他的樣貌、指紋、以及他的簽名式等等資料，我們至少在原則上可以分辨他是不是中大學生。如果原則上我們能夠分辨中大的學生，我們就能判斷怎樣算是「中大有學生五千名」，即能夠判斷在什麼情況下 P 算是真的，而在什麼（其他的）情況下 P 算是假的。依此，P 是一個有真假可言的語句，因為倘若我們知道 P 在什麼情況下為真、在什麼情況下為假，那麼原則上我們便有可能進一步從事考查 P 在事實上是真的還是假的。

再舉一個有認知意義的句例：「某甲是某乙的嫡親弟弟」（以

下簡稱之為「Q」）。Q是真的還是假的？要確定Q之真假，我們必須首先知道Q在什麼情況下可以叫做是「真的」、在什麼情況下可以叫做是「假的」。比方說，如果（1）甲和乙有共同的親生父母，（2）甲是男性，（3）甲的年紀小於乙的年紀，那麼Q是真的；否則Q是假的。由此可見，（1）–（3）是令得Q為真的條件，而（1）–（3）的否定則是令得Q為假的條件。顯然地，只有當我們知道了什麼是令得Q為真或為假的條件之後（這等於說：只有當我們知道了怎樣算做「甲是乙的嫡親弟弟」之後），我們才有可能着手考查Q在事實上是一個真的還是一個假的語句。

從以上兩個例子作一推廣：倘若我們知道某一語句在什麼情況下為真、在什麼情況下為假，我們就有可能進一步去判定那個語句究竟是真的或是假的；反之，倘若我們連某個語句在什麼情況下為真在什麼情況下為假都不知道的話，我們是無從着手判定那個語句之真假的。

讓我們把令得一個語句為真或為假的情況稱為那語句的「真假條件」（truth-conditions）。詳細點說：設C1是令得語句S為真的情況（即如果C1這情況出現則S是一個真語句），再設C2是令得S為假的情況（即如果C2出現則S為假），於是，C1和C2就是S的真假條件。通過「真假條件」的概念，我們可以將「認知意義」界定如下：

如果一個語句S有真假條件，那麼S是有認知意義的；並且

只有當 S 有真假條件時，S 才是有認知意義的。合起來說，如果且僅當 S 有真假條件，則 S 有認知意義。

據此，沒有認知意義的語句是說不上「真」或「假」的，也就是無所謂「真」或「假」的，因此乃是「假都不如」的，或說是連「假」的資格都沒有的。一言以蔽之，沒有認知意義的語句就是沒有真假可言的語句。

（B）從檢證原則到印證原則

上一分目只是通過「真假條件」的概念對「認知意義」提出了一種初步的闡釋。要進一步較明確地規定「認知意義」，我們須得參考邏輯經驗論的一個最重要的原則，那就是著名的「檢證原則」（verification principle）。這個原則說：

（VP）語句的意義在於它的檢證方法。⑬

以上的（VP）乃是檢證原則的原型。根據邏輯經驗論的文獻，對此原則可加以疏解如下：

（1）這原則所提到的「語句」，只限於綜合語句——我們毋需特別陳構一個原則來辨別某某分析語句有沒有認知意義，因為任何分析語句不是恆真便是恆假，於是便皆有真假之可言，所以任何分析語句都是有認知意義的。（2）「意義」一詞，在（VP）裏是指「認知意義」。（3）所謂「檢證」，在此是說「由

經驗證明為真」⑭。（4）有的人以為檢證原則將「實際上已證實為真」規定為有認知意義的必要條件，但這是很大的誤解。檢證原則並沒有那樣的要求。它僅僅規定：「原則上有可能被證明為真」乃是綜合語句要有認知意義的必要條件。（5）縱使某個語句實際上已被證明為假，但那並無礙於該語句原則上有可能被證明為真，因為「原則上有可能被證明為真」的意思只不過是「具有被證明為真之可能性」。譬如「本人（筆者）飛刀，例不虛發」，這句話事實上已證明為假，但那仍然是一個「原則上有可能被證明為真」的句子，因為它仍然是有被證明為真之「可能性」的，換言之，本人是「有可能」（不管那可能性是如何小）在飛刀時百發百中的。（6）讓我們把「被經驗證明為真之可能性」簡稱為「可檢證性（verifiability）」。依此，我們可以這樣了解檢證原則：這個原則只是要排斥缺乏可檢證性的綜合語句，而不是要排斥假的語句，因為假的語句也是有認知意義的，理由在於沒有認知意義的語句根本就稱不上「真」或「假」。

　　總結以上的論述，我們可以給檢證原則提出一個較精細的陳構如下：

（VP*）（a）所有分析語句皆有認知意義。

　　　　（b）設 S 是一個綜合語句。如果 S 在原則上有可能
　　　　　　⑮由經驗的途徑（經驗的方法）被證明為真，
　　　　　　則 S 就有認知意義；如果 S 在原則上都沒有可
　　　　　　能由經驗的途徑被證明為真，則 S 便沒有認知
　　　　　　意義。簡言之，如果且僅當 S 有可檢證性，則
　　　　　　S 有認知意義。

　　若應用這個原則去審察前述柏拉圖主義者所謂的「現實世界是理型世界的影像」，我們立刻便能看出，那只是一種沒有認知意義的說法，因為它既不是分析的，同時又沒有可檢證性。另一方面，例如「某某人有一個腦」之類的句子，原則上是有可能通過經驗方法而被證明為真的，所以那是一個有認知意義的斷言。

　　但如果我們碰到的不是「某某人有一個腦」這種單稱語句，而是「一切人皆有腦」那樣的全稱語句，這個時候檢證原則是否仍然適用？在此，檢證原則遇到了一些問題。以下說明那問題的性質，並討論解決它的方法。

　　全稱語句就是具有「一切（任何、所有、凡是）× 皆如此如此」這種形式的句子。其中的 × 或者是一個「封閉集合」（即包含已知有限個分子的集合），或者是一個「開放集合」（即非封閉的集合）。通常當我們考慮的是涉及封閉集合的全稱語句時，檢證原則的運用並沒有什麼毛病。例如「凡是某某果園內的蘋果都有蟲」，這個全稱語句所涉及的集合（那果園內的全部蘋果）是一個封閉集合，我們可以逐一檢查該集合的分子，看看它們是不是都有蟲在裏面。就這點來說，檢證原則是能夠用來審核涉及封閉集合的全稱語句是否有認知意義的。但問題是，當我們考慮到涉及開放集合的全稱語句時，檢證原則的運用就出現毛病了。例如人這個類，是一個開放集合，因為我們無法排斥「過去現在和將來的宇宙間有無限多個可稱為『人』的生物」這一可能性。若然，則就算已經證實了到目前為止所知的每一個人都有腦，那仍然不能說是證明了「一切人皆有腦」（稱此語句為

「U」），因為 U 所涉及的範圍不僅包括「到目前為止所知的每一個人」，而且還包括了「宇宙間一切可能存在的人」。依此，U 是不可能由經驗途徑「證明」為真的。根據檢證原則，只有當一個綜合語句有可能由經驗途徑證明為真時，那綜合語句才有認知意義。由於 U 不是分析語句而是綜合語句，結果它便要被檢證原則判定為沒有認知意義。但這個結果是荒謬的；就算是邏輯經驗論者自己也不願意用「沒有認知意義」一詞去形容像 U 那樣的語句。其實，極大多數科學定律都像 U 一樣，是涉及開放集合的全稱語句，而這種定律卻正好是「有認知意義」的典範。

怎樣解決上述的問題呢？

關鍵在於以「印證」去代替「檢證」。我們這樣界定：倘若能夠顯示出某個句子被經驗證據支持，那麼這個句子就叫做是（或多或少地）得到了「印證」；再者，如果原則上某個句子有可能被經驗證據支持，那麼這個句子就稱為「可印證的」，或者叫做「具有可印證性」。現在我們回顧語句 U：「一切人皆有腦」。雖然 U 不可能由經驗方法「證明」為真，但它是有可能被經驗證據支持的。事實上，雖然有關人腦的觀察不能視為「證明」了語句 U，可是這些資料卻構成了支持 U 的經驗證據，使我們有理由「相信」U 為真。總括地說，儘管 U 不是可檢證的，但它仍是可印證的。

討論到此，讓我們陳構一條「印證原則」（confirmation principle）來代替原先的檢證原則。印證原則這樣規定：

（CP）（a）所有分析語句都有認知意義。

（b）設 S 是一個綜合語句。如果 S 在原則上有可能
被經驗證據支持，那麼 S 是有認知意義的；反之，
如果 S 在原則上都沒有可能被經驗證據支持，
那麼 S 就沒有認知意義。簡言之，如果且僅當
S 有可印證性，則 S 有認知意義。⑯

很明顯的，印證原則較檢證原則寬容得多。任何經由檢證原
則鑑定為有認知意義的語句都會給印證原則鑑定為有認知意義，
但反之不然：有些經由印證原則鑑定為有認知意義的語句（例如
U），若以檢證原則去鑑定，卻會被說成是沒有認知意義的。換
句話說，凡是通得過檢證原則的句子都通得過印證原則，然而有
些通得過印證原則的句子卻通不過檢證原則。作為「認知意義」
的判準，印證原則比檢證原則更為適當合用。⑰

四、意義區分的應用

根據印證原則，玄學（即「超驗的」玄想形上學）是沒有認知意義的，理由是：玄學家聲稱他們所研究的題材是在經驗範圍以外的對象，但任何關於「超驗界」的言論都缺乏了可印證性，因為沒有任何可能的經驗觀察可以算是玄學言論之正面或反面的證據；結果，這種言論是沒有客觀真假可言的。⑱

剛才有關玄學的評語也適於批評含有玄學成分的神學。不少神學家認為：「上帝是超越的，祂超出一切可能經驗的界限。」在中古時代有許多人都接受這種論調。與此相反，近代以來一般的趨勢是認為這類虛無縹緲的論調並不可信。現在，如果我們應用印證原則去審查上述神學家的論調，那麼我們可以提出一種更為徹底的批評：即揭露出這種論調並非「不可信」，而是「無所謂可信不可信」，也就是說「無從信起」，因為它根本稱不上在什麼可能經驗的情況下算是真的或算是假的。簡言之，那只是一種毫無認知意義的說法吧了。

以下我們舉出實例來說明怎樣運用印證原則對玄學以及神學裏的玄學成分作一評估。

（A）玄學的評例

假設我們發現了一幅畫。有些人猜測那是齊白石的作品，有

些人認為不是。究竟是不是？無論目前我們的意見如何分歧，我們總知道有一定的程序能夠處理這個問題。比如說，鑑畫的專家可以去檢查那幅畫，看看它和齊白石的公認作品之間有什麼相似性，並研究它有沒有贗品的特徵。專家們也可能去查閱有關畫家的作品紀錄，看看能否找到線索顯示齊白石確曾畫過那樣的一幅畫。也許專家們的意見最後仍然分歧，然而他們或多或少都知道怎麼樣的經驗資料算是「那幅畫是齊白石的作品」這個見解之正面或反面的證據。⑲

但現在假設這些專家都念過哲學，並開始對那幅畫提出種種形上學的主張。譬如他們之中有的人宣稱：那幅畫只是認知者（觀畫的人）底心中的一堆觀念；其他的人則反對說：不，那幅畫不是認知者心中的一堆觀念，而是客觀地獨立存在的。顯然地，這一爭論和前面那種爭論之間有很大的分別。碰到目前這種爭論（觀念論與實在論之爭），我們必須問清楚：有什麼可能的經驗資料可作為解決那爭論的最後根據？答案是：沒有。就算是經驗資料本身，當實在論者認為它「客觀地獨立存在」的時候，觀念論者卻會把它說成是「一堆觀念的集合」。

如果依照「觀念」一詞的慣常用法，「那幅畫是觀畫者心中的一堆觀念」這個語句顯明是假的——我們從經驗觀察得知，牆上掛着的一幅畫並不是一堆觀念；比如說，我們可以伸手摸到那幅畫，但不能伸手摸到一個觀念。由此可見，觀念論者所說的「觀念」之意義（暫假定它有一意義），和「觀念」一詞在通常的用法之下的意義不同。但如果我們在此不能按照慣常用法去了解

「觀念」一詞的意思，我們也就無法按照慣常用法去了解「那幅畫是觀畫者心中的一堆觀念」這個句子的意思。於是，倘若觀念論者問我同意不同意牆上的畫不外是我們看畫的人底心中的一堆觀念，那麼我會這樣回答他：「我不會像實在論者那樣反對你的說法，但我也不會贊同你的說法——我只是不知道你究竟說了些什麼。只有當我們知道了一個斷言究竟陳述了些什麼之後，我們才有所謂『接受』或『不接受』該斷言。否則的話，我們固然無從『接受』它，同時我們也無從『反對』它，因為我們根本無從着手研究它的真假。基於這個理由，你若要我表示同意或不同意你的說法，你自己必須首先表明那說法的認知意義何在。但你能夠做到這一點嗎？換言之，你能否告訴我：什麼樣的經驗資料可能用來印證你的見解？」

邏輯經驗論者指出，觀念論者根本無法回答上述的問題，因此觀念論是缺乏可印證性的，最多只能算是一種沒有認知意義的偽贗理論吧了。⑳

附述

【觀念論是玄學的一派，玄學則是形上學的一種。形上學包括了好幾個不同的門類，例如：展示概念架構的「描述形上學」（史特勞遜等）、倡議範疇系統的「形式存有論」（古德曼等）、推定宇宙模型的「歸納形上學」（藍伯特等）、以及研究「超驗界」或「絕對本體」的「玄想形上學」（黑格爾等）……。這裏

有兩點必須注意：第一、「玄學」和「形上學」兩個名稱有時被當做同義詞來使用，但為了便於判別起見，我們在此限定以「玄學」一詞來專指上列各類形上學中最後的一種，即玄想的形上學。第二，儘管早期邏輯實徵論者對形上學一律加以排斥，認為任何形上學系統都缺乏認知意義，然而在其理論發展到了成熟階段以後，邏輯經驗論者對形上學的態度已愈來愈趨於廣容；持這個態度的邏輯經驗論者，並沒有排斥形上學的全體，他們要批判和清除的主要是——玄學，以及任何理論、學說、或主義裏面的玄學成分。】

（B）神學的評例

神學家說：「上帝是智慧的、慈愛的、全能的；他會發號施令，聽我們的禱告，希望我們有幸福，寬恕我們的罪過……。」

我們知道，「智慧」、「慈愛」、「聽」、「希望」、「寬恕」等字眼，原是用來描述有機體的能力、傾向、或心理狀態等的詞語。但神學家又大都不願意說上帝是一個有機體，因為有機體皆有繁殖、生長、吸收、排泄……等作用，而對於上帝來說，這類作用似乎太過不雅了。既然如此，倘若仍要用上述的詞語去形容「上帝」，則那究竟是什麼意思？如果我們不是抱着一種馬馬虎虎的態度，不是存着一種害怕發問的心理（由於害怕上帝像人一樣容易「發怒」），而是認真、不自欺地反省，我們將會發覺，一個非有機體如何是「慈愛的」、如何「聽」人的禱告、如何「寬

恕」世人……凡此種種，都是難以想像的。

　　「當然難以想像，因為上帝是全知全善全能的至高存有。在渺小的人類看來，上帝是不可思議的。我們那麼卑微，不能妄想用自己有限的概念去捕捉無限的上帝。」有的神學家會提出諸如此類的答辯。

　　這答辯充分顯露出一種「講話不加思索、只憑一時心血來潮即信口開河」的頑劣習慣。就以「不能妄想用自己有限的概念去捕捉無限的上帝」一語為例。在集合論裏，「有限」和「無限」都有嚴格的定義，這一些定義使「有限」和「無限」對集合的基數（分子數）有一清楚的形容。然而前面所謂「有限的概念」、「無限的上帝」，卻是什麼意思？「有限」和「無限」，在此顯然並非用來形容概念或上帝的集合基數，因為答辯者自己也不願意說「有無限多個上帝」，是不是？但如果「有限」和「無限」在這裏不是用來形容概念或上帝的集合基數，那又是用來形容什麼？答辯者從來沒有給出清晰嚴格的說明。至於怎樣算是有限的概念能夠或不能夠「捕捉」無限的上帝，對這個問題，則更加沒有交待了。復次，既然答辯者提到「有限的概念」，他理應能夠解釋這個詞怎樣與「無限的概念」一詞相對。問題是：他能夠清楚解釋「有限的概念」和「無限的概念」有什麼不同嗎？可否舉例以明之？此外如「全知全善全能」等話頭，講多了好像意思很清楚，但若請那些把這類話頭說順了口的人加以闡明，他們往往只會利用一些愈講愈糊塗的字眼，裝作已經回答了的樣子，底子裏則是一種分散注意的詭策，其實並沒有回答到別人的問題。

　　以上的討論顯示：沒有任何可能的經驗觀察可用來印證前述那種答辯。於是，按照印證原則，這種答辯是沒有認知意義的。

附述

　　【退一萬步來說，就算撇開剛才的批評，就算假定該答辯有認知意義，就算如此，它還是有極大的毛病，因為，「有認知意義」只等於「有真假可言」，並不等於「真」，而當答辯者企圖說服別人接受他的說法為真時，他便會發覺自己遇到了無法克服的理論弱點，這是由於他既聲稱上帝不可思議，那麼別人很自然會提出如下的質詢：「然則你又怎知有那樣一個不可思議的上帝存在，甚至還知道他是『至高的』、『全知全善全能的』？一方面說他不可思議，同時又長篇大論地講述他，豈非自打嘴巴？」

　　但是我們的答辯者或「傳道人」大都不願打自己的嘴巴承認錯誤。他們寧願麻煩些，回家去替你禱告。在詞窮理屈之際，他們就會施展最後的絕招對你說：「你的質問反映出心裏的傲慢。如果你在上帝面前謙卑，你就不會問那種問題。如果你相信，你便不會懷疑。讓我替你祈禱，你自己也要祈禱，讓我們一起多多祈禱。」

　　用來騙騙愚夫愚婦，這招「太極推手」也許是一種萬試萬靈的「下台秘訣」或「保留面子的最佳妙策」，可惜在明眼人看來，那不過是一種狡猾而不負責任的詭辯吧了，因為——

第一、「如果你在上帝面前謙卑，你就不會問那種問題」這句話，預設了「上帝是存在的」，但「是否有上帝存在？」此一問題卻在目前的爭論範圍之內。由於這句話假定了一個正待審查的論點，所以它犯了循環的謬誤。

第二、「如果你相信，你便不會懷疑」之類的說法只是一句廢話。（倘若懷疑則不能算是相信，倘若相信則自然不會懷疑。）向一個發生懷疑的人說這麼一句廢話，乃是一種滑頭的做法，完全不能在道理上解通對方的疑難。當喜歡講這一類廢話的傳教士懷疑自己的太太在外面的行為時，假使其太太答稱：「如果你相信，你便不會懷疑。」不知道此等傳教士會不會滿意於那樣的回答？

第三、前述「多多祈禱」的絕招之「精華」，在於它那種「兜圈子」的、永遠搖擺不定的兩面性格。擅長運用這一絕招的傳教士，在能夠回答別人問題的時候，就跟人講道理；在不能回答別人問題的時候，就不再跟人講道理，轉而要求別人以祈禱代替發問、以盲信代替懷疑。讓我們問一問這類傳教士：你究竟希望聽眾依據理由來決定相信什麼，還是希望他們不問理由而盲目相信？換言之：你究竟打算講道理，還是不打算講道理？如果你打算講道理，你就不應以「多多祈禱」作為遁詞來逃避理性的討論；如果你不打算講道理，那又何必到處向人「講道」？】

五、進一步的細分

（Ａ）方法學的次區分

上文所論的兩個方法學區分，合起來運用，可以給全部語句作一界劃如下：

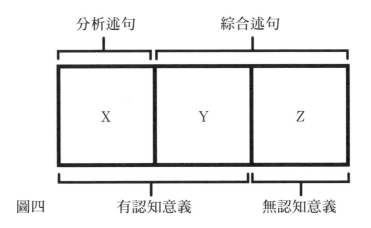

圖四

X 範疇內的句子，是分析語句。由於所有分析語句都是說得上「真」或「假」的，因此所有分析語句都有認知意義。Y 範疇內的句子，是有認知意義的綜合語句；例如經驗科學的語句即屬於 Y 的範疇──經驗科學的語句是有真假可言的（故有認知意義），但這種句子不能僅靠語言分析來決定其真假（故為綜合語句）。至於 Z 範疇內的句子，則是沒有認知意義的綜合語句；比如「牆上那幅畫只是認知者心中的一堆觀念」，就是屬於 Z 範疇的一個句例。

在本篇第一節我已經提過，分析語句可劃分為恆真句和矛盾句兩種，而有認知意義的綜合語句亦可劃分為綜合真句和綜合假句兩種。由於「恆真句與矛盾句之分」以及「綜合真句與綜合假句之分」乃是「析合區分」之下的次一步的細分，因此對於「析合區分」而言，這些次一步的細分可稱為方法學的「次區分」（subdistinction）。為了齊一起見，我們在有認知意義的語句之間也同樣提出一個方法學的次區分。讓我們把分析語句所具有的意義叫做「邏輯意義」，把有認知意義的綜合語句所具有的意義叫做「經驗意義」。於是，有認知意義的語句就再分為有邏輯意義和有經驗意義的兩種。

現在剩下要做的工作，是給沒有認知意義的語句作出方法學的次區分。這種語句亦可再分為兩個次類（subclasses）。其中一個次類乃是雖無認知意義但仍有「非知意義」（non-cognitive meaning）的語句；另外一個次類則是既無認知意義也沒有非知意義的語句，即是那些全無意義的句子。

以下我們對這兩種語句加以簡單的解說和例釋。

（B）「非知意義」與「全無意義」

試比較下列三個語句：

（K1）任何人的壽命或超過一百歲或不超過一百歲，

（K2）任何人的壽命都超過一百歲，

（K3）任何人都應該每月祈禱至少一百次。

　　K1 是分析語句；K2 是有可印證性的綜合語句。至於 K3，這個句子不是分析的，因為它的真假不能僅靠語言分析來決定；另一方面，K3 也不是一個具有可印證性的綜合語句，因為「X 應該如何如何」這種形式的句子一般來說只表示對行為所作的規範，而並不陳述經驗的事態。即使我們同意了所有關於人的經驗性質（比方說，我們對於人類的生理結構、心理傾向、文化行為等各方面的觀察都有相同的觀察結果），但我們仍然可能在「人是否應該每月至少祈禱一百次」這個問題上持着相反的意見。由此可知，「X 應該如何如何」之類的句子（例如 K3）並沒有可印證性，所以這種語句是沒有認知意義的。

　　當然，我們不能從「某某語句沒有認知意義」推論說「該語句沒有意義」，因為依照「意義」一詞的慣常用法，認知意義只是意義的一種，而不是意義的全部（譬如動物只是生物的一種，而不是生物的全部）。顯然地，在日常語言裏，我們不會說「K3 之類的句子沒有意義」。我們可能不接受 K3，但不會說它是一個不可理解或沒有意義的句子。讓我們稱 K3 之類的句子所具有的意義為「規範意義」。於是我們可以說：有些語句，例如 K3，雖無認知意義，但有規範意義。

　　規範意義就是所謂「非知意義」的一種。此外如情感意義、評價意義、美學意義……也都屬於非知意義的範疇。關於規範意義，剛才已簡單討論過了。現在我們略為考察一下情感意義、評價意義、以及美學意義。

（1）如果某個句子主要可用來表露情感或引起情感反應，我們就稱之為「具有情感意義的語句」。例如「春花秋月何時了，往事知多少」、「風蕭蕭兮易水寒，壯士一去兮不復還」等等句子便是有情感意義的。（2）如果某個句子主要用來陳述對事物的價值評判，我們就稱之為「具有評價意義的語句」。例如「鐘鼓饌玉不足貴，但願長醉不願醒」、「萬般皆下品，惟有讀書高」，這些都是有評價意義的語句。（3）如果某個句子主要可用來傳達或營造藝術性的意象、境界、或感受，我們就稱之為「具有美學意義的語句」。比方「大江東去，浪淘盡、千古風流人物」、「錦江春色來天地，玉壘浮雲變古今」、「今宵酒醒何處？楊柳岸，曉風殘月」，這些句子都有美學的意義。

必須注意的是，各種非知意義不是互相排斥的。事實上，同一個句子往往具有多過一種的非知意義。譬如當我們說「某甲是一個混蛋」的時候，我們說的話既能表露出我們對甲的一種厭惡的情感反應，又能陳述出我們所下的一個貶抑甲的價值評判。再如「將軍百戰身名裂，向河梁，回頭萬里，故人長絕」，這（幾）個句子一方面營造了一種藝術性的意境，另一方面又可以引起讀者產生一份悲壯蒼涼的情懷。

還有一點更須注意的是，就連認知意義和非知意義也不是互相排斥的。換句話說，有的語句可能同時兼有認知意義和非知意義。我們看看下列的句子：

「西風殘照，漢家陵闕。」
「十步殺一人，千里不留行。」

「千山鳥飛絕，萬徑人蹤滅。」

「落霞與孤鶩齊飛，秋水共長天一色。」

這類語句雖以美學意義為主，但除此之外，這些語句卻又多多少少對經驗事態作出了描述，所以它們也可被視為具有認知意義。當然，前述「有的語句可能同時具有認知意義和非知意義」這句話並不涵蘊「所有語句皆有認知意義和非知意義」。例如下面幾行泰戈爾的詩句：

「塵土被侮辱，卻報以鮮花。」

「小花躺在塵土裏，尋覓那蝴蝶的路徑。」

「乾涸的河牀覺得毋需感謝它的過去。」

「蛛網要捕捉蒼蠅，卻假裝在捕捉露珠。」

上列語句都沒有描述經驗的事態；它們都缺乏了可印證性，因此是沒有認知意義的語句。但儘管如此，這些語句顯然是有非知意義的，至少具有非知意義之中的美學意義。㉑

現在的問題是：有沒有語句是既無認知意義、也沒有非知意義的？即是說，有沒有全無意義的語句？有！比方：「算術的質量是三十寸」、「同一性在磁場上蹓冰」、「正方形喝了半副撲克牌」，這些句子固然沒有認知意義，同時也沒有規範的或情感的或評價的或美學的或其他種類的非知意義。簡言之，它們是全無意義的句子。㉒

（C）一個概括性的圖解

至此，我已經對兩個極為重要的方法學區分以及其下的幾種

次區分作了一番系統的論述。這一番論述的綱要，可以由圖五概括地展示出來。

　　圖五的 A、B、C……等字母，各代表一個不同的語句類。為了清楚起見，我再給每個語句類加以例釋如下：

A —— 凡王老五都是未婚漢

B —— 有些王老五是已婚婦

C —— 太陽的質量大過地球的質量

D —— 地球的質量大過太陽的質量

E ——（1）人應該愛國（規範意義）

　　　（2）你是我的靈魂（情感意義）

　　　（3）智者的人生比帝王的人生更可貴（評價意義）

　　　（4）白日放歌須縱酒，青春結伴好還鄉（美學意義）

F ——（1）「無自無」（海德格語）

　　　（2）那首詩用代數的肚皮去安慰電子的大腿（新詩？）

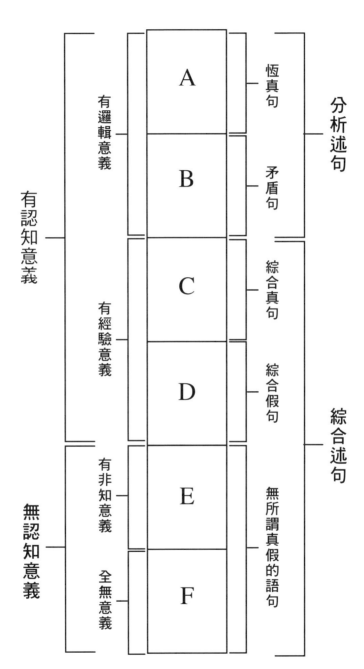

圖五

六、總結

當我們掌握了以上的圖解之後，大體上我們就掌握了本文所論的兩個方法學區分（及其下的次區分）。當我們掌握了這兩個方法學區分（及其下的次區分）之後，我們就掌握了現代哲學思考的兩項極有效用的利器。當我們掌握了這兩項思考利器之後，我們就不難避免兩個常見的思想上的坭沼。這裏所謂「避免兩個思想上的泥沼」，意思是指——

第一、「析合區分」能夠（例如）使我們認清各式各樣狂熱而獨斷的教條主義的盲目態度之所在。教條主義者總以為他們所奉的教條是關於宇宙和人生的「最高、最根本的真理」。既然是關於宇宙和人生的真理，那麼這類教條就必須是有實質內容的綜合語句，即對宇宙人生有所論述的綜合語句。但滑稽的地方是，教條主義者卻又不能容忍任何人對他們所奉的教條有半分的懷疑，因為他們堅信那些教條是「必然地真的」。不過很可惜，世間並沒有那麼便宜的事。我們已經一再闡明，一個語句如有實質內容，它就不會是分析的，因而也就不會是必然的；另一方面，一個語句如果要有必然性的話，它就只有是分析的，因而也就只有是一個缺乏實質內容的句子。一言以蔽之，沒有任何語句能夠既有實質內容，又有必然性。

第二、「意義區分」可以使我們辨識「有認知意義」與「無認知意義」的不同性質，並對缺乏認知意義的一類語句有銳利的

警覺，於是，在認知性的探討中㉓，我們便不會提出一些不相干的、沒有認知意義的說法。譬如，當我們進行認知性的探討時，我們便不會像黑格爾那樣說：「『有』深入於其自身……『絕對』乃是『有』……『絕對』即是『無』」㉔，也不會像某些所謂「現象學家」那樣以為：「意向性地不存在的本質之內在性乃在於它們在純粹直覺之前的自我給與性」㉕，當然更不會像「作為一個即興詩人的我」那樣恍如夢囈一般地吟哦：

信仰
　騎着
懷疑
　在
有限
　與
無限
　以及
祈禱
　與
睡覺
　之間

　　　　　　　　　兜
　　　　　　圈　　子
　　　　　圈子　子圈
　　　　　　子
　　　　　　兜

註

① 這裏所說的「尖銳」和「強悍」，主要是指邏輯經驗論對傳統哲學（特別是對玄學）的批評方式而言。依據邏輯經驗論，玄學裏的「見解」或「學說」只是一堆連「假」的資格都談不上的句子，因為玄學都是沒有客觀真假可言的，換言之就是缺乏了認知意義（見下面第三節）。

② 邏輯經驗論的核心源自「維也納學團」（Vienna Circle）。施里克和卡納普是維也納學團的代表人物，艾耶和萊興巴赫則不屬於這個團體，但與之有密切的聯繫。以下當我說到邏輯經驗論的學術活動時，我所作的描述有時僅限於指維也納學團。

③ 所以稱之為「方法學區分」，是因為這些區分在方法學上非常重要。任何思想一經由語言表達之後，就可以應用這兩個方法學區分去判定那思想的基本性質（詳情見後）。

④ 在分析哲學方面，這一點十分明顯。就算是「日常語言學派」的哲學家，口頭上雖沒有承認，但實際上在其作品裏我們常可發現這些學者自覺或不自覺地採用了析合區分和意義區分；Ryle: *The Concept of Mind* 以及 Flew: *Thinking About Thinking* 這兩部著作都有顯明的例子。再說析合區分和意義區分對科學思想的影響：在自然科學方面的例子有愛因斯坦和 Bridgman 等著名的物理學家，在社會科學方面的例子則有 Skinner 和 Katz 等有名的心理學家（前者）和語言學家（後者）。

⑤ 從實效的目的看，以上的定義已足夠清楚將析合區分引介出來。至於進一步的探討，可參閱：W. V. Quine: "Two Dogmas of Empiricism", *From a logical point of View* (Havard U. Press, 1953), pp. 20-46; H. P. Grice & P. F. Strawson: "In Defense of a Dogma", *The Philosophical Review*, LXV, No. 2 (1956), pp. 141-158; J. J. Katz:

"Analyticity and Contradiction in Natural Language", in Katz & Fodor (eds.): *The Structure of Language* (Prentice-Hall, 1964), pp. 519-543.

按:「語句」、「句子」、「述句」、「述辭」、「命題」、「判斷」、「斷言」……等等名稱在日常語言裏的用法,雖不至於全無差別,但往往沒有嚴格的劃分。為了方便起見(免使行文趨於煩瑣糾纏),本文順着這種用語習慣,把上述各個名稱視為在一般情況下可交替使用。通常我用「語句」(或「句子」)一詞作為統稱。也就是說,除非在特殊的情況下有必要加以較細密的分辨,否則我會把命題、述辭、判斷……等語言或思想的單位一併叫做「語句」或「句子」。對這方面的問題若有純理論興趣的話,可參考(例如):E. J. Lemmon: "Sentences, Statements and Propositions", in B.Williams & A. Montifiore (eds.): *British Analytical Philosophy* (Humanities Press, 1966), pp. 87-107.

⑥ 此處取「恆真句」和「矛盾句」的廣義來用這兩個詞語。要是就其狹義來說,「恆真句(式)」僅指命題邏輯裏的對確語式或其代換個例,而「矛盾句(式)」則指命題邏輯裏的反對確語式(contravalid formulas)或其代換個例。

⑦ 綜合真句和綜合假句合起來並不能窮盡全部綜合語句,因為有些綜合語句是說不上「真」或「假」的(見第三節)。另按:上述的 Q 或其他類似的句子須得加上時空座標之後才能夠嚴格地說是一個真的(或假的)語句;不過我們的討論不必在此橫生枝節。

⑧ 「必然」和「可能」兩個詞語之中的任何一個可以界定(定義)另外一個。「P 必然為真」可界定為「P 不可能為假」。「P 可能為真」可界定為「P 不必然為假」。在模態邏輯裏,下列句式表示「必然」與「可能」之間的關係。

$$\Box\ p \equiv \sim\Diamond\sim p,$$

$$\Diamond\ p \equiv \sim\Box\sim p.$$

本文取「可能」作為基始語辭以界定「必然」。

⑨　有的人會有這樣的疑問：「倘若改變了那句子的字眼之用法，豈非可能令它變成一個假的語句？」那當然是「可能的」，但這樣做對於原語句（即在其意思或用法未經改變之前的那個句子）之為真或為假是毫無影響的。

⑩　其實 H 仍未算是一個正式的語句，而只是邏輯家所說的準語句（quasi-sentence）。等到我們以適當的語辭代換了 H 裏的「如此如此」幾字之後，它才是一個正式的語句。另按：或者有的人會把「必然」一詞解釋為「心理上絕對相信……」，但如此一來，這個詞語的內容就會是主觀的了。

⑪　語句 M 可視為下述對確句式的一個代換個例：

$$[\sim\exists x(Fx\&Gx)\&\forall x(Hx \to Fx)] \to$$
$$\sim\exists x(Hx\&Gx).$$

⑫　以下當我提到「邏輯真句」時，那是指可以化約為具有條件句形式的邏輯真句（P→P 的代換個例除外）。

⑬　Cf. W. Alston & G. Nakhnikian (eds.): *Readings in 20th Century Philosophy* (The Free Press, 1963), p. 385.

⑭　按照它的日常用法，「證明」一詞並不限於指稱邏輯或數學上的形式推證（formal demonstration）。我們在此採取「證明」一詞的日常用法。

⑮　「原則上有可能」的意思在這裏是指「最低限度是邏輯地可能」。注意：「技術上沒有可能」並不涵蘊「原則上沒有可能」。

⑯　由於任何綜合語句 S 都不是必然地真的（見第一節），所以 S 如果在原則上有可能被經驗證據支持，那麼 S 在原則上也有可能被經驗證據否駁。支持 S 的證據叫做 S 的「正面證據」；否駁 S 的證據叫做 S 的「反面證據」。我們這樣說：前者印證 S 為真，或簡稱為「印證 S」；後者印證 S 為假，或簡稱為「非證 S」。由此可見，「有可印證性」等於「有可非證性」，亦即是有可能受到正面或反面證據的支持或否駁。

⑰　卡納普及函寶等人在印證原則的形式陳構（formulation）方面做了一番精細的剖析和釐定的工作。見 Carnap: "Testability & Meaning", *Phil. of Sci.,* vol. 3, no. 4 & vol. 4, no. 1; "The Methodological Character of Theoretical Concepts", loc. cit.; Hempel: "Empiricist Criteria of Cognitive Significance: Problems & Changes", in *Aspects of Scientific Explanation* (Free Press, 1965). 關於印證原則之形式陳構的問題，屬於較細膩的專技問題。大體上此等問題並不影響印證原則之在方法學上具有極大的實效價值，因為正如艾耶所言："a principle may be intuitively clear and effective even though you don't get a water-tight formal statement of it."(B. Magee: *Modern British Philosophy* [Secker & Warburg, 1971], p. 54.)

⑱　真假本來就是客觀的；「客觀真假」的「客觀」二字，原是一個冗詞。但我間或還是用了這個詞語去形容真假，旨在提醒注意：綜合語句的真假是由客觀的經驗證據所決定的，而不是像有的人那樣單憑主觀的意願硬把某些缺乏可印證性的綜合語句稱為「真」或「假」。

⑲　Cf. A. J. Ayer: *Language, Truth and Logic,* (Penguin, 1946), pp. 54-55.

⑳　倘若將實在論視為觀念論的否定，那麼實在論也沒有認知意義，因為如果 P 沒有認知意義，則非 P 亦然。

㉑　討論到這裏，下列幾點值得留意：（1）要決定一個句子有什麼種類的意義，我們每每須得考慮它的脈絡。但事實上我們時常都會將一些句子單獨提出來討論，那是為了避免使討論變得煩瑣之故。（2）本文談到的幾種非知意義，不必窮盡了非知意義的全部，然而卻是非知意義之中較重要的幾種。（3）邏輯經驗論者如艾耶、卡納普等人將任何非知意義都籠統稱為「情感意義」。由上文所作的分析可知，他們這種說法實過於粗略。Cf. R. M. Hare: *The Language of Morals* (Oxford U. P., 1952); G. J. Warnock: *Contemporary Moral Philosophy* (Macmillan, 1967).

㉒　　這些字詞的組合雖無意義，不過仍然具有作為一個語句的文法形式，所以可稱為「全無意義的語句」。有沒有連「語句」都稱不上的字詞組合？當然有。「的質量算術寸三十是」、「於者同一性也不乎之不」等字詞組合就是其例子。按：當我們批評一個語句沒有意義的時候，那顯然不等於說我們不可能約定地把某個意義「賦給」該語句（任何聲音或筆劃都「可能」通過約定而「獲得」意義），但這與我們之評定某某語句為無意義毫不相干。

㉓　　「認知性的探討」是指探究、討論等思考性的活動而言。

㉔　　黑格爾：《小邏輯》第一部第一篇第 84-87 節。

㉕　　Cf. Alston & Nakhnikian: Op. cit., p. 627.

附錄：「語理分析」釋名

關於語理分析的名稱，有下列幾點補充。

（一）在 A. Kaplan: *The New World of Philosophy* (Vintage, 1961) 這部書裏，logico-linguistic analysis 一詞泛指分析哲學各個支派之間的共同進路或共通方法（見 p. 55）；其中 logico 的字源 logos，本義為「言」與「意」，引申為「道」或「理」。按：本書第一篇〈引言〉第一段給語理分析所下的定義之中，所謂「義理」是指意義內容、概念涵蘊、命題結構、以及有關的語言範疇等項目。又：第一篇主要討論釐清用語的意思，第 II 和第 III 篇則涉及辨明論題的義理。

（二）分析的進路除了可稱為「語理分析」或「語言分析」之外，偶爾也稱為「概念分析」或「哲學分析」。不過後兩種叫法有的地方頗欠妥善，現在分別說明如下：(a) 語言是概念得以落實的憑藉，即概念得以確立的基礎，因此乃是分析概念時的客觀根據，但「概念分析」這個名稱卻把「語言」這一關鍵環節給遺漏掉了。(b) 分析方法的應用並不限於哲學的範圍，事實上這種方法可用來處理任何思想性的問題，至少能夠作為處理此等問題的方法起點；可是「哲學分析」一名卻容易使人忽略這個事實。

（三）再進一步，單就「語理分析」和「語言分析」兩個名稱作一比照，則前者又較為優勝，或者說後者較易引起誤解──這從下述的情況可以看得出來：(a) 在語言學方面，有些學者（cf. B. Bloch and G. L. Trager: *Outline of Linguistic Analysis*）把他們的工作也叫做

「語言分析」，但那和本書所論的作為一種思考方法的語言分析有很大的差別。另外，在哲學方面，又有些學者（cf. B. Magee: *Modern British Philosophy*）用「語言分析」一名來專指「日常語言學派」的分析方法；然而這個用法只是「語言分析」的狹義。就其廣義來說，「語言分析」指分析思考的「公器」或者「共法」。

(b) 有的人碰到他們不懂的名辭或術語的時候，總喜歡憑空想像、胡亂猜測一番，而從不肯費些功夫去研習一下有關的科目以求確切了解那名辭的意義。例如一聽到「語言分析」這個名稱，他們便會望文生義、無中生有，硬說語言分析就是咬文嚼字。這實在是一種極其不負責任的說法。事實上語言分析和咬文嚼字絕對不能等同為一。通過語言分析去考察一個言論，縱使那言論有些字句拿「作文準則」來評估是有毛病的（譬如不合「標準語」的習慣），但只要其意思明白（比方藉上下文即能確定它的意思），那麼從語言分析的進路來考慮，我們還是毋需針對這類「文章弊病」而去批判那個言論的，因為，語言分析的本旨不在於談文說藝，而在於解決問題。由此可見，屬於「語文評論」這個範疇的咬文嚼字，決不能跟作為一種思考方法的語言分析混為一談。〔不過，由於天下間就是有那麼多想像力豐奇的「語意幻想家」，結果「語言分析」一詞即變得容易引起（這種人的）誤解了。〕

（四）雖然這些年來在教室內外我一直都用「語言分析」去指稱分析思考的方法進路，而且在許多學生之間這已經成為一個常用的字眼，但因考慮到上述的情況，本書最後還是決定把分析思考的方法進路定名為「語理分析」。

後記

　　本書是一初步的嘗試，嘗試擷取分析哲學的精粹，用以建構思考方法的基點；此基點即語理分析。

　　全書要旨，在於對語理分析加以釐清，予以定位，並提出有關語言陷阱的判別原則，確立方法區分的實效規準。內文力求條理分明，步步扣緊。每一段、每一句、乃至每一個字，都曾細心斟酌，一再推敲。其用意不在咬文嚼字，亦不表示為文著述必應如此，只是有感於時下信口開河語無倫次之風太盛，粗製濫造比附拼湊之作太多，因而心存戒懼，不敢輕率從事而已。

　　本書雖以語理分析的論述為課題，卻以封閉系統的破解為目的。封閉系統實乃思想之所以偏蔽窒礙、心靈之所以盲目瘋狂的主因，而語理分析正是破解封閉系統之最佳的方法。此法若能推廣落實，則封閉系統必將煙消雲散，心思的解放以至社會的開明亦將得到實現的條件。此事目前看似渺茫無期，但歷史證明，時代的主流往往都是起於涓滴、發乎幽隱的。

　　故期諸百年，立此為記。

李天命
一九八一年八月一日

後記後

有時盡信書不如無書。

　　　　　　　　李天命

　　　　　　　　二〇一九年七月二十三日